Florian Hock

Point-in-Time vs. Through-the-Cycle

Berücksichtigung zyklischer Effekte in der Kreditrisikosteuerung

Diplomica® Verlag GmbH

Hock, Florian: Point-in-Time vs. Through-the-Cycle. Berücksichtigung zyklischer Effekte in der Kreditrisikosteuerung, Hamburg, Diplomica Verlag GmbH 2008

ISBN: 978-3-8366-5749-5
Druck Diplomica® Verlag GmbH, Hamburg, 2008

Bibliografische Information der Deutschen Bibliothek
Die Deutsche Bibliothek verzeichnet diese Publikation in der Deutschen
Nationalbibliografie;
detaillierte bibliografische Daten sind im Internet über
<http://dnb.ddb.de> abrufbar.

© Diplomica Verlag GmbH
http://www.diplom.de, Hamburg 2008
Printed in Germany

Inhalt

Abkürzungs- und Symbolverzeichnis

a_i, b_i	durch Regression ermittelte Konstanten
β	fundamental nicht zu begründender Anteil der Ratingänderung
CDS	Credit Default Swap
CPV	Credit Portfolio View
CVaR	Credit-Value-at-Risk
D	Default
DTD	Distance to Default
EBITDA	Earnings Before Interest and Taxes
EAD	Exposure at Default (Kreditsaldo im Ausfallzeitpunkt)
EDF	Expected Default Frequency (Erwartete Ausfallrate), siehe PD
E_K	kreditrelevantes Ereignis (Schock)
EK	Eigenkapital
EL	Expected Loss (Erwarteter Verlust)
f	fundamental begründete Höhe der Ratingänderung (in Stufen)
i	Ratingstufe in Periode t+1
IRB	Internal-Ratings-Based Approach
j	Ratingstufe in Periode t
k.A.	keine Angaben
LGD	Loss Given Default (Verlustquote bei Ausfall)
MF	Makro-Einflussfaktor
MFRT	normalverteilter Residualterm für den Makro-Einflussfaktor
MI	Makroindex
MIRT	normalverteilter Residualterm für den Makroindex
μ	Erwartungswert
p	Migrationswahrscheinlichkeit
PD	Probability of Default (Ausfallwahrscheinlichkeit)
PDT	Toleranzgrenze für die Worst-Case-PD der Ratingstufe R
PIT	Point-in-Time
R	Ratingstufe
RORAC	Return on risk-adjusted Capital
RUF	Revolving Underwriting Facility
S	Stress
Sp.	Spalte
σ	Standardabweichung
Stabw.	Standardabweichung
t	Zeit
TTC	Through-the-Cycle
UL	Unexpected Loss (Unerwarteter Verlust)
UV	Unternehmensvermögen
VaR	Value-at-Risk
z	z-Wert (Wahrscheinlichkeitsverteilung)

Abbildungsverzeichnis

1   Einführung

1.1   Problemstellung und Vorgehensweise

„Bei Einheitspreisen endet die Kreditvergabebereitschaft bei schwächeren Bonitäten und in konjunkturschwachen Zeiten sehr früh"[1] - Die neuen Baseler Eigenkapitalvorschriften (Basel II) fordern eine höhere Übereinstimmung von regulatorischem und ökonomischem[2] Kapital. Dieses Ziel soll unter anderem durch eine genauere Bestimmung des Kreditrisikos und eine risikoadäquate Bepreisung der Kredite erreicht werden. Für „significant banks" sieht dabei der sogenannte Internal-Ratings-Based-Approach (IRB-Ansatz) in seiner Standardausprägung die Einrichtung interner Ratingsysteme zur Schätzung der Ausfallwahrscheinlichkeit vor. In der fortgeschrittenen Ausprägung wird zusätzlich die Entwicklung interner Kreditrisikomodelle gefordert, die weitere Komponenten des Kreditrisikos schätzen können.[3]

Für die Modellierung des Adressenausfallrisikos im Zeitablauf sind im Rahmen von internen Ratingsystemen zwei Idealtypen zu unterscheiden: Point-in-Time (PIT) und Through-the-Cycle (TTC). Die Risikoschätzungen von Point-in-Time-Ratingsystemen schwanken im Zeitablauf stark in Abhängigkeit von konjunkturellen Einflüssen. Through-the-Cycle-Systeme hingegen streben eine (relative) Stabilität der Klassifizierung über den gesamten Konjunkturzyklus an. In vielen Kreditrisikomodellen werden die Ratingdaten weiterverarbeitet. Die Zyklizität dieser Modelle hängt somit auch von der Art des gewählten Ratinginputs ab. Wie kann eine Bank diese zyklischen Effekte in ihrer Risikosteuerung berücksichtigen?

Nach einer kurzen Klärung der Frage, inwiefern Schwankungen im Zeitablauf ein Problem der Kreditrisikomessung darstellen, werden die beiden Rating-Paradigmen charakterisiert. Danach wird anhand von Problemfeldern der Kreditrisikosteuerung untersucht, welcher der Ansätze für die bankinterne Ermittlung des Kreditrisikos geeignet erscheint. Diese Grundfragen umfassen Eigenkapitalunterlegung, (Risiko-)Kapitalallokation und Kreditbepreisung und werden als Anwendungszwecke von Ratingverfahren und Risikomodellen aufgefasst. Das Hauptaugenmerk liegt auf

---

[1] Fehr, B. (2004), S. 22
[2] Eigenkapital, das zur Abdeckung des als maximal angenommenen Kreditverlusts benötigt wird, vgl. Schierenbeck, H. (2003), S. 21
[3] vgl. Baseler Ausschuss für Bankenaufsicht (2004), Tz. 245

den beiden letzteren Punkten. Vor- und Nachteile möglicher Ausgestaltungen werden dann ausgehend von spezifischen Anforderungen und praktischen Restriktionen der beiden Problemkreise diskutiert.

1.2   Eingrenzungen und Definitionen

Kreditnehmer

Diese Arbeit verwendet Rating- und Risikobetrachtungen in der Regel im Hinblick auf Unternehmen als Kreditnehmer. Finanzinstitutionen, Staaten und andere Kreditnachfrager werden nicht berücksichtigt.

Kreditrisiko

Kreditrisiko meint im Rahmen dieser Arbeit die Adressenausfallwahrscheinlichkeit (Probability of Default, PD) eines Kreditnehmers. Andere Bestandteile des Kreditrisikos, wie Loss Given Default (LGD; Verlustquote bei Ausfall) und Exposure at Default (EAD; Kreditsaldo im Ausfallzeitpunkt) werden zumeist vernachlässigt.

Kreditrisikosteuerung

Unter Kreditrisikosteuerung wird in dieser Arbeit eine bankinterne Steuerungseinheit subsumiert, die hauptsächlich drei Aufgaben wahrnimmt: Sie steuert

- Eigenmittelunterlegung,
- Kapitalallokation und
- Vereinnahmung von Risikokosten.

Im Rahmen der Eigenmittelunterlegung werden regulatorischer Kapitalbedarf und zusätzliche Kapitalpuffer ermittelt. Bei den Überlegungen zur Kapitalallokation wird mithilfe verschiedener Instrumente der unerwartete Verlust quantifiziert. Dies dient der Zuweisung von Risikokapital zu verschiedenen risikobehafteten Geschäftsfeldern. Die Risikokostenkalkulation schließlich beschäftigt sich mit der Einrechnung erwarteter Verluste in den Kreditpreis.

Verlust im Kreditgeschäft[4]

Im Kreditgeschäft treten im Bereich des Adressenausfallrisikos erwartete Verluste (Expected Loss, EL) und unerwartete Verluste (Unexpected Loss, UL) auf. Dabei bedeutet:

- EL: Erwartungswert μ des Verlusts des Kreditgeschäfts
- UL: Abweichung $z \cdot \sigma$ des Werts des Kreditportfolios vom erwarteten Verlust

Der EL findet als Kalkulationsgröße Eingang in die Kreditkondition und auf Gesamtbankebene in das Betriebsergebnis. Der schlagend gewordene UL hingegen muss vom vorgehaltenen Eigenkapital getragen werden können und wird als außergewöhnlicher Aufwand gezeigt.

Zyklische Effekte

Zyklische Effekte im Rahmen dieser Arbeit sind zunächst konjunkturelle Effekte, die sich auf das Kreditrisiko eines Kreditnehmers auswirken. Auf Eigen- und Fremdkapitalmärkten ist nicht immer klar zu trennen, welcher Anteil einer Preisschwankung jeweils auf die Konjunktur oder auf die Bildung einer Risikomeinung durch die Marktteilnehmer entfällt.[5] Deswegen werden hier vergröbernd die gesamten Anpassungsreaktionen der Marktteilnehmer an die Risikosituation als zyklische Effekte aufgefasst. An geeigneter Stelle wird jeweils auf den Erklärungsgehalt der Konjunktur hingewiesen.

---

[4] vgl. Bluhm, C. u.a. (2003), S.34 und Schierenbeck, H. (2001), S. 309ff.
[5] vgl. Kapitel 4.3.1.3 und 4.3.2.2

2 Behandlung zyklischer Effekte in Through-the-Cycle- und Point-in-Time-Ratingsystemen

2.1 Konjunkturzyklus als Determinante des Kreditrisikos

Um die Relevanz zyklischer Effekte in Ratingsystemen bzw. Kreditrisikomodellen zu verdeutlichen, muss zunächst geklärt werden, ob überhaupt eine Abhängigkeit zwischen Konjunkturzyklus und Kreditrisiko besteht. Der grundsätzliche Zusammenhang erscheint unstrittig[6], es wird aber u.a. kontrovers diskutiert, ob die Bestandteile des Kreditrisikos – PD oder LGD – in Bezug auf zyklische Effekte korreliert sind.

Für die PD wird von einer Zyklizität ausgegangen, z.B. steigt sie in einem Konjunkturrückgang erheblich an.[7] Als Beleg kann ein Vergleich des Wirtschaftswachstums mit den Zahlen der Insolvenzstatistik dienen. Hierzu wird die BIP-Veränderung zum Vorjahr als Konjunkturindikator interpretiert, die Anzahl der Unternehmensinsolvenzen dient als grobes Maß für das Kreditausfallrisiko. Wie Abbildung 1 zeigt, ist für die Jahre 1985-2003 in Deutschland in etwa eine negative Korrelation der beiden Datenreihen erkennbar, die Berechnung ergibt -0,64. Dabei ist auch ersichtlich, dass die Ausfälle mit einer Zeitverzögerung auf die Konjunktur reagieren. Gründe dafür könnten sein, dass vorhandene Finanzpolster zunächst aufgebraucht werden oder Gesellschafter zur Stützung ihrer Unternehmen Darlehen gewähren.

---

[6] „It is almost axiomatic that defaults and credit problems would multiply in times of distressed macroeconomic conditions.", Allen, L./Saunders, A. (2003), S. 2
[7] vgl. ebenda

6

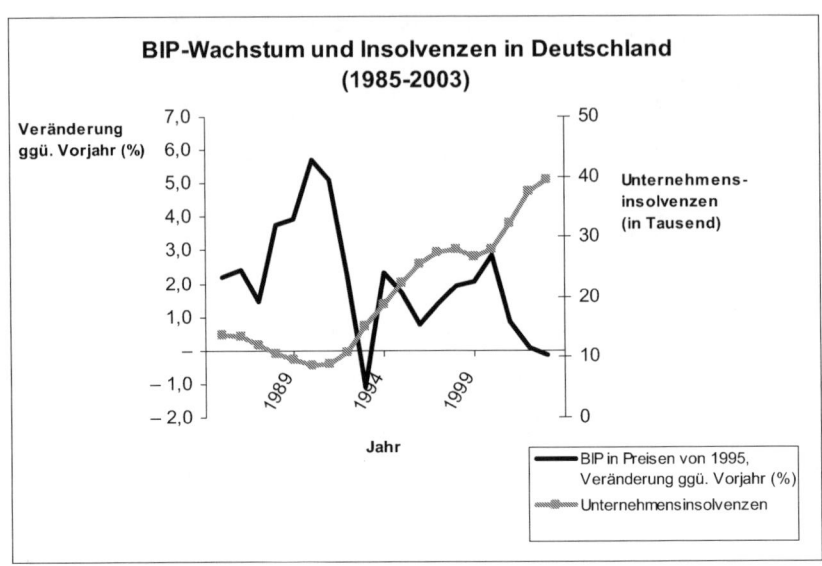

Abbildung 1: BIP-Wachstum und Insolvenzen in Deutschland (1985-2003)[8]

Der LGD steigt in schlechten konjunkturellen Situationen tendenziell an. Dies erscheint einleuchtend, wenn man von sinkenden Sicherheiten-Marktwerten im Abschwung ausgeht. Empirische Untersuchungen stützen diese Auffassung, stellen aber in Frage, ob der Konjunkturzyklus als erklärende Variable anzusehen ist.[9] Der Baseler Ausschuss geht analog dazu in seiner neuen Eigenkapitalvereinbarung von einer positiven Korrelation des LGD mit dem Konjunkturzyklus aus. In internen Ratingsystemen sollen konjunkturelle Abschwünge berücksichtigt werden. Die eigene LGD-Schätzung muss dabei die mit dem Abschwung verbundenen wesentlichen Risiken wiedergeben und mindestens größer oder gleich dem langfristigen, durchschnittlichen Wert sein.[10]

Kritisch betrachtet werden muss auch die Möglichkeit eines Bankensystems, durch gleichartige interne Ratingbemühungen einen sich selbst verstärkenden Effekt zu erzeugen. Wenn eine Bank sehr genaue PD-Schätzungen vornimmt, ermittelt sie beispielsweise in einer Boomphase eine sinkende PD (z.B. für ein Jahr). Sie erhält damit bei IRB-basierter Kapitalunterlegungspflicht die Möglichkeit, ihre Kapitalunterlegung zu senken, da das Rating einen geringeren ökonomischen Kapitalbedarf anzeigt. Damit hat sie einen Anreiz, weitere Kredite auszureichen, was wiederum

---

[8] eigene Darstellung, Datenquellen: BDA (2003), S. 3, Creditreform e.V. (1995), o.S., Statistisches Bundesamt (2005), o.S., vgl. Anhang 1
[9] vgl. Lowe, P. (2002), S. 9
[10] vgl. Baseler Ausschuss für Bankenaufsicht (2004), Tz. 13 und Tz. 468

bei gleichem Verhalten aller Banken den Boom beschleunigt. Das umgekehrte Verhalten würde im Abschwung zu beobachten sein.[11] Banken würden also bei Übergang in eine Rezession überproportional hohe und in beginnenden Boomphasen unterproportional niedrige Wertberichtigungen zu verzeichnen haben.

Im Folgenden soll untersucht werden, wie sich diese zyklischen Effekte im einzelnen auf Ratingmodelle auswirken und welche Ausrichtung eine Bank daraufhin anstreben sollte.

2.2   Through-the-Cycle-Ratings

Through-the-Cycle-Ratings streben eine Stabilität ihrer Klassifizierung über den gesamten Konjunkturzyklus an. Um die passende Ratingklasse zu finden, muss ein worst case der möglichen Konjunkturszenarien mit ihren Auswirkungen auf das Kreditrisiko angenommen werden. Die Ratingstufe ist die richtige, wenn das geratete Unternehmen auch in diesem schlechtesten Fall die Ratingstufe nicht verlassen müsste, was durch Stress-Tests geprüft werden kann.[12] Für die Einstufung letztlich entscheidend ist die bedingte Wahrscheinlichkeit $p(D \mid S)$, d.h. die Ausfallwahrscheinlichkeit, die dem Unternehmen im Belastungsszenario S zugewiesen wird[13]. Eine Änderung der Einstufung in eine Ratingklasse soll erst erfolgen, wenn sich die Entwicklung des gerateten Unternehmens langfristig und dauerhaft ändert. Es ist hier eine Unterscheidung in eine dauerhafte und eine zyklischen Komponente notwendig, wobei beim Through-the-Cycle-Ansatz der zyklische Teil „gefiltert" wird.[14] Das Through-the-Cycle-Konzept kann folgendermaßen veranschaulicht werden:

---

[11] vgl. Borio, u.a. (2001), S. 1
[12] vgl. Crouhy, M. u.a. (2001), S. 49
[13] vgl. Löffler, G. (2002), S. 9
[14] vgl. Löffler, G. (2002), S. 12ff.

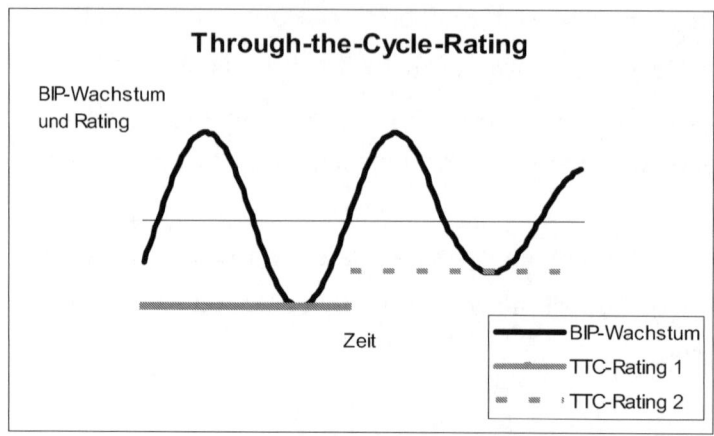

Abbildung 2: Through-the-Cycle-Rating über zwei Konjunkturzyklen[15]

Ziel eines Through-the-Cycle-Ratings ist es, eine Grundlage für langfristige Investmententscheidungen zur Verfügung zu stellen. Insbesondere institutionelle Investoren sind an stabilen Ratings, vor allem im Investmentgrade-Bereich, interessiert. Bei häufigen Änderungen müssten sie eventuell aufgrund von Anlagerichtlinien ihre Portefeuilles umschichten, was Transaktionskosten erzeugt.[16] Ratingagenturen aber begründen den Through-the-Cycle-Ansatz auch damit, dass viele Unternehmen eine starke Abhängigkeit von ihrem Branchenzyklus aufweisen, in Bezug auf die gesamte Konjunktur aber stabil sind.[17]

2.3 Point-In-Time-Ratings

Point-in-Time-Ratings beurteilen einen Kreditnehmer allein nach seiner aktuellen Situation. Dabei wird nicht wie bei Through-the-Cycle-Ratings auf den schlechtesten Fall abgestellt. Dies resultiert in einem kurzen Prognosehorizont, bei dem häufige Ratingänderungen, anders als beim Through-the-Cycle-Ansatz, nicht abgelehnt werden.[18] Naturgemäß ergibt sich damit eine hohe Konjunkturabhängigkeit der Ratingsysteme, wobei sowohl eine diskrete Beurteilung des Unternehmens (z.B. einmal im Jahr) oder eine stetige Einschätzung (z.B. täglich) möglich ist. Der idealtypische Verlauf lässt sich dann folgendermaßen darstellen:

---

[15] eigene Darstellung
[16] vgl. Behr, P./Güttler, A. (2004), S. 99
[17] vgl. Carey, M./Treacy, W. (1998), S. 899
[18] Carey, M./Treacy, W. (1998), S. 899

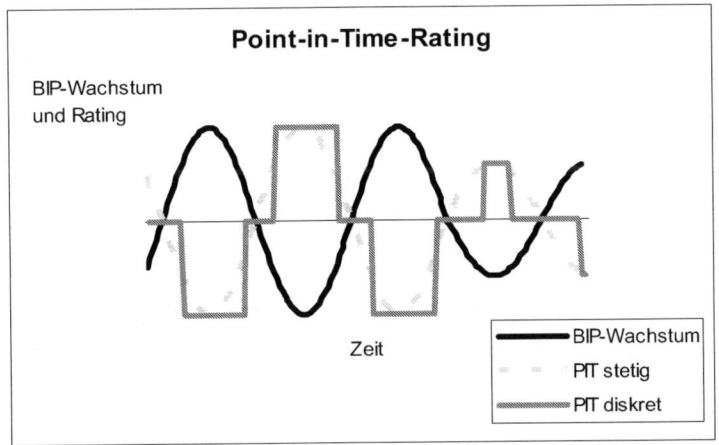

Abbildung 3: Stetige und diskrete Point-in-Time-Ratings über zwei Konjunkturzyklen[19]

Ziel eines Ratingsystems oder Kreditrisikomodells mit Point-in-Time-Charakter ist es, Risikoeinschätzungen aktuell zu halten und ohne nennenswerte Zeitverzögerung zu ändern. In den folgenden Abschnitten werden einige Modelle für die praktische Anwendung herangezogen, die diese Möglichkeit bereitstellen. Dabei wird auch auf deren (realistische?) Annahmen eingegangen.

Nach Vorstellung der Extremformen Through-the-Cycle und Point-in-time soll im Folgenden untersucht werden, welche Anforderungen an Kapitalunterlegung und Kreditpricing gestellt werden und wie im Hinblick darauf die Zyklizität der verschiedenen Systeme berücksichtigt werden kann.

---

[19] eigene Darstellung

3 Berücksichtigung zyklischer Effekte bei Kapitalunterlegung und Kapitalallokation

3.1 Eigenmittelunterlegung und Zyklizität

3.1.1 Volkswirtschaftliche und regulatorische Aspekte

Die Intermediationstheorie, die Banken als Vermittler zwischen Kreditgeber und Kreditnehmer sieht, fordert eine Diversifizierung der Aktiva einer Bank. Durch ausreichende Streuung wird das Risiko, die Forderungen der Einleger (Fremdkapitalgeber) nicht erfüllen zu können, vermindert.[20] Das bedeutet gleichzeitig, dass das Eigenkapital ein nicht diversifizierbares Restrisiko tragen muss. Dieses Restrisiko liefert eine Begründung für die staatliche Regulierung der Eigenkapitalvorhaltung. Als präventive Komponente der Regulierung soll eine bestimmte Eigenkapitalhöhe die Sicherheit des Bankensystems gewährleisten. Im Rahmen der Neuen Institutionenökonomie ist Aufgabe der Regulierung und damit auch der Eigenkapitalvorschriften, die Stabilität der Institution „Bank" sicherzustellen.[21] Sicherheit und Stabilität können somit als volkswirtschaftliche Ziele der Eigenmittelunterlegung qualifiziert werden. Zur Unterstützung dieser Ziele scheint unter Wohlfahrtsgesichtspunkten ein Through-the-Cycle-Ansatz angebracht, weil die Banken dann ihre Kreditvergabe über den Konjunkturzyklus glätten.[22]

Die Überarbeitung der starren 8%-Regel des Basler Kapitalakkords von 1988 im Rahmen von Basel II hat ebenfalls die Förderung der Stabilität des internationalen Bankensystems zum Ziel.[23] Dies soll durch eine Annäherung von regulatorischem und ökonomischem Kapital erreicht werden. Zur Bestimmung der nötigen risikoadäquaten Eigenkapitalunterlegung muss das Kreditrisiko genauer quantifiziert werden als bisher. Hierzu schlägt der Basler Ausschuss unter anderem den IRB-Ansatz vor, im Rahmen dessen eine Bank ihre Risikoschätzung mithilfe eines internen Ratingsystems vornehmen muss.

Dabei trifft der Ausschuss in seinem Papier auch Aussagen zur Zyklizität eines internen Ratingsystems. Es muss die Wahrscheinlichkeit widerspiegeln, dass ein

---

[20] vgl. Stillhart, G. (2002), S. 116
[21] vgl. Stillhart, G. (2002), S. 106
[22] vgl. Catarineu-Rabell, E. u.a. (2002), S. 24
[23] vgl. Baseler Ausschuss für Bankenaufsicht (2004), Tz. 4

Kreditnehmer „auch unter widrigen wirtschaftlichen Bedingungen"[24] seine Verpflich-
tungen erfüllen kann. Um dies zu berücksichtigen, kann eine Bank die Einstufung in
eine Ratingklasse z.B. durch Belastungs-Tests vornehmen. Zur Beurteilung ihrer
Eigenmittelunterlegung muss sie Stress-Tests einsetzen, etwa gesamtwirtschaftli-
cher und branchenbezogener Art.[25] Als Vorhersagehorizont soll die 1-Jahres-
Ausfallwahrscheinlichkeit bestimmt werden. Die erstgenannten Aspekte sind eher
Kennzeichen für Through-the-Cycle-Systeme, während der letztere auf eine point-
in-time-lastige Ausgestaltung des Ratingsystems hindeutet. Dennoch soll die Risikobetrachtung aufgrund der Prognoseunsicherheit vorsichtig erfolgen. Hierzu muss
eine Untersuchung vor dem Hintergrund der möglichen Entwicklungen über den
gesamten Konjunkturzyklus durchgeführt werden, was auf Ansätze einer through-
the-cycle-artigen Ausgestaltung hindeutet. Als Datengrundlage dürfen sowohl
externe Ratingnoten, die interne Ausfallhistorie oder statistisch-stochastische (z.B.
optionspreistheoretische) Modelle herangezogen werden.[26] Die Europäische Zent-
ralbank sieht im Rahmen des IRB-Ansatzes prozyklische Wirkungen als Gefahr
bankinterner Ratingsysteme. In einer Studie kommt sie zu dem Schluss, dass
Through-the-Cycle-Systeme für eine größere Stabilität in der Eigenkapitalvorhaltung sorgen.[27] Aus regulatorischer Sicht wird somit keine klare Festlegung getrof-
fen, welche Ausprägung angestrebt werden sollte.[28] Eine Mischung der beiden
Ansätze erscheint möglich und sinnvoll.

3.1.2   Forderungen der Fremdkapitalgeber

Die Eigenkapitalausstattung muss sicherstellen, dass eine Bank ausreichende
Refinanzierungsmöglichkeiten hat.[29] Bankenfinanzierung über den Kapitalmarkt ist
äußerst sensibel gegenüber dem Urteil der Ratingagenturen. Ratingverschlechterungen führen zu einer Verteuerung der Refinanzierung und können Geschäftsfel-
der unrentabel werden lassen.[30] Wenn Banken sich prozyklisch verhalten, z.B.
aufgrund positiver Migrationserwartungen ihr Kreditgeschäft im Boom bei gleicher
absoluter Eigenkapitalhöhe ausweiten, ist eine „Bestrafung" durch risikoaverse
Anleiheinvestoren denkbar. Vor diesem Hintergrund könnte für Banken ein Zwang

---

[24] Baseler Ausschuss für Bankenaufsicht (2004), Tz. 415
[25] vgl. Baseler Ausschuss für Bankenaufsicht (2004), Tz. 434
[26] vgl. Baseler Ausschuss für Bankenaufsicht (2004), Tz. 414ff. und Tz. 461ff.
[27] vgl. Banque Centrale Européenne (2005), S. 54ff.
[28] vgl. Rösch, D. (2004), S. 6
[29] vgl. Pohl, P. (2001), S. 43
[30] vgl. o.V. (2005a), S. 24

entstehen, bei der Risikomessung zur Bestimmung des Eigenkapitals ähnliche Verfahren anzuwenden wie ihrerseits die Ratingagenturen bei der Beurteilung der Banken. Dies würde auf einen Through-the-Cycle-Ansatz hinauslaufen.[31]

3.1.3   Fazit

In der Literatur wird verschiedentlich darauf hingewiesen, dass bedeutende Banken in der Regel Eigenkapital deutlich über dem regulatorischen Mindestmaß vorhalten („buffers over regulatory minimum"[32]). So weist z.B. die Deutsche Bank als größtes deutsches Kreditinstitut eine Kernkapitalquote von rund 10% aus.[33] Dieses Vorhalten von Kapital für einen möglichen Maximalbelastungsfall, der den Value-at-Risk[34] übersteigt, hat offensichtlich angesichts der „Ratinggetriebenheit" des Fremdkapitalmarkts eine hohe Bedeutung. Zusätzlich erscheinen zyklische Schwankungen aus volkwirtschaftlicher und regulatorischer Sicht größtenteils unerwünscht. Für die regulatorische Eigenmittelunterlegung scheint deswegen trotz diverser Point-in-Time-Elemente des Basel-II-Konzepts ein Through-the-Cycle-Ansatz angebracht.

3.2   Kapitalallokation und Zyklizität

3.2.1   Anforderungen an die Kapitalallokation

Anteilseigner einer Bank fordern eine angemessene Verzinsung des eingebrachten Eigenkapitals.[35] Dies kann gleichgesetzt werden mit dem Ziel, die Rendite risiko-adäquat zu maximieren. Als interne Entscheidungsgrundlage, mit welchen Geschäften diese Rendite erzielt werden kann, bietet sich die Kennzahl RORAC (Return on risk-adjusted Capital) an. RORAC gibt an, welches Nettoergebnis auf das eingesetzte Risikokapital erzielt wird und ist damit eine Steuerungsgröße für die Kapitalallokation. Das Risikokapital ist eine Value-at-Risk-Größe. Es entspricht damit dem unerwarteten Verlust eines Kreditportfolios, der innerhalb einer bestimmten Zeit und eines vorgegebenen Konfidenzniveaus nicht überschritten wird.[36] Die Aufgabe eines Ratingsystems und des darauf aufbauenden Kreditrisikomodells für diesen Zweck ist also gleichbedeutend mit der Quantifizierung des Value-at-

---

[31]   vgl. Lowe, P. (2002), S. 14
[32]   ebenda
[33]   vgl. Deutsche Bank (2004), S.24
[34]   vgl. Kapitel 3.2.1
[35]   vgl. Pohl, P. (2001), S. 43 und o.V. (2005c), S. 19
[36]   vgl. zur Kennzahl RORAC z.B. Schierenbeck, H. (2003), S. 43ff.

14

Risk im Zeitablauf. Üblicherweise wird für den Value-at-Risk ein Prognosezeitraum von einem Jahr angesetzt, was auf eine zyklische Betrachtung hindeutet. Um eine zeitnahe Steuerung des Kreditportfolios zu ermöglichen, erscheint dies auch sinnvoll. Je nach Art der zugrunde gelegten Ratingdaten kann jedoch auch ein konjunkturindifferentes Verhalten entstehen. Zwei für den Zweck der Value-at-Risk-Steuerung geeignete Kreditrisikomodelle werden im Folgenden, nach einer Vorstellung der methodischen Grundlagen, auf die Zyklizität ihrer Ausgestaltung und ihrer Inputparameter untersucht. Der Zähler des RORAC, eine Ergebnisgröße, wird hier nicht weiter berücksichtigt.

3.2.2 Methodisches Werkzeug: Mapping und Migrationsmatrizen

Unabhängig von der Ausgestaltung des Ratingsystems oder Kreditmodells muss letztlich die Ausfallwahrscheinlichkeit eines Kreditnehmers bestimmt werden. Jeder Ratingnote muss deswegen eine bestimmte Ausfallwahrscheinlichkeit zugeordnet werden können. Allerdings verfügen die meisten Banken derzeit noch nicht über eine interne, statistisch ausreichend große Ausfallhistorie, da die entsprechenden Daten bisher nicht systematisch in der nötigen Tiefe erhoben wurden.[37] Zur Kalibrierung, d.h. Einstellung von Ratingstufen auf Ausfallwahrscheinlichkeiten, bieten sich deswegen die historischen Ausfallraten extern gerateter Kreditnehmer an. Die Ratingagenturen stellen hierzu das Datenmaterial zur Verfügung.[38]

Dieses Verfahren (Mapping) findet einmalig bei der Ratingentwicklung statt, nicht bei jeder Ratingvergabe. Beim Mapping werden den internen Ratingstufen die historischen Ausfallwahrscheinlichkeiten der Agenturratings zugeordnet. Da bankinterne Systeme oft weniger Ratingstufen haben als externe, müssen die Daten für die gröberen internen Stufen aggregiert werden (Bildung von PD-„buckets"). Danach müssen Kriterien erarbeitet werden, anhand derer Kreditnehmer einer bestimmten Ratingstufe zugeordnet werden können. Dies ist möglich, indem mit externen Ratings versehene Unternehmen auf Korrelationen zwischen verschiedenen Einzelmerkmalen und Ausfallwahrscheinlichkeit untersucht werden. Sind mögliche Einflussfaktoren identifiziert, werden sie auf ihre Trennschärfe getestet, d.h. auf die Fähigkeit, gute von schlechten Kreditnehmern zu trennen. Die möglichst trenn-

---

[37] vgl. Cihak, M. (2004), S. 19
[38] vgl. z.B. Moody's (2005), S. 2

scharfen Faktoren werden dann als künftige Zuordnungskriterien verwendet.[39]

Durch konsequente Anwendung des internen Ratingsystems und Auswertung der korrespondierenden Ausfalldaten erhält man schrittweise eine Ausfallhistorie der einzelnen Ratingstufen und kann die Ausfallwahrscheinlichkeiten jeweils anpassen.

Das Auswertungsergebnis beider Verfahren stellt die sogenannte Migrationsmatrix dar. Jedes Element a_{ij} gibt an, mit welcher Wahrscheinlichkeit ein Kreditnehmer mit dem ursprünglichen Rating j sich in der nächsten Periode in der Ratingklasse i befindet ($p_{j \rightarrow i}$). Auffallend ist, dass ein Kreditnehmer die Ratingklasse D (default) nicht mehr verlassen kann. Der Ausfall stellt somit einen „absorbing state“[40] dar:

Ratingstufe in Periode t+1 (i)

Ratingstufe in Periode t (j)	A	B	C	D
A	p(A -> A)	p(A -> B)	p(A -> C)	p(A -> D)
B	p(B -> A)	p(B -> B)	p(B -> C)	p(B -> D)
C	p(C -> A)	p(C -> B)	p(C -> C)	p(C -> D)
	Bonitätsveränderung			Ausfall

Abbildung 4: Migrationsmatrix für ein Ratingsystem mit 4 Ratingstufen[41]

Migrationsmatrizen stellen ein maßgebliches Instrument der Kreditrisikobetrachtung im Zeitablauf dar. Die in den nächsten Abschnitten besprochenen Modelle beruhen zu einem bedeutenden Teil auf Migrationsmatrizen, ihr Zustandekommen wird deswegen noch kritisch beleuchtet.

[39] vgl. zum Mapping: Teuscher, U. (2004), S. 12f. und Carey, M./Treacy, W. (1998), S. 914ff. und zum Test auf Trennschärfe z.B. Krämer, W./Güttler, A. (2003), S. 11ff.

[40] vgl. Lando, D. (2004), S. 92 und Ong, M. (1999), S. 279

[41] eigene Darstellung

3.2.3 Umsetzung als Through-the-Cycle-Ansatz am Beispiel von Credit-Metrics

3.2.3.1 Übersicht über die Funktionsweise

CreditMetrics ist ein von JP Morgan entwickeltes Kreditrisikomodell, das den Credit-Value-at-Risk (CVaR) des Kreditportfolios misst. Dieser gibt dabei die mögliche Marktwertveränderung des Kreditportfolios für den Prognosezeitraum an: „Credit Metrics asks: ,if next year is a bad year, how much will I lose on my loans and loan portfolio?'"[42] Zu diesem Zweck werden in verschiedenen Komponenten des Modells

- Volumen des Einzelgeschäfts,
- CVaR des Einzelgeschäfts und
- Korrelationen der im Portfolio enthaltenen Kredite untereinander bestimmt.[43]

Im Folgenden werden deswegen die einzelnen Komponenten getrennt auf die Zyklizität ihrer Methodik untersucht. Das Volumen des Einzelgeschäfts (Exposure) wird dabei nicht weiter betrachtet, da bei Krediten der Rückzahlungsbetrag angesetzt werden kann. Bei Fremdwährungskrediten und mit Ausfallrisiken behafteten Finanzinstrumenten sind aufgrund der Marktpreisvolatilitäten für Fremdwährungen und Basisobjekte zyklische Effekte vorhanden. Im Rahmen dieser Arbeit kann dies jedoch nicht berücksichtigt werden, da dann auch eine Unterscheidung zu treffen wäre, welcher Teil der Marktwertänderung des Exposures auf Zinsänderungsrisiken oder anderen Markteffekten beruht.[44]

3.2.3.2 Einzelgeschäfts-CVaR

Für die Bestimmung des Credit-Value-at-Risk auf Einzelgeschäftsbasis werden die oben vorgestellten Migrationsmatrizen herangezogen. Dies soll anhand eines Beispiels verdeutlicht werden:

---

[42] Allen, L./Saunders, A. (2002), S. 86
[43] vgl. Wiedemann, A. (2004), S. 156
[44] vgl. Schiller, B./Tytko, D. (2001), S. 268

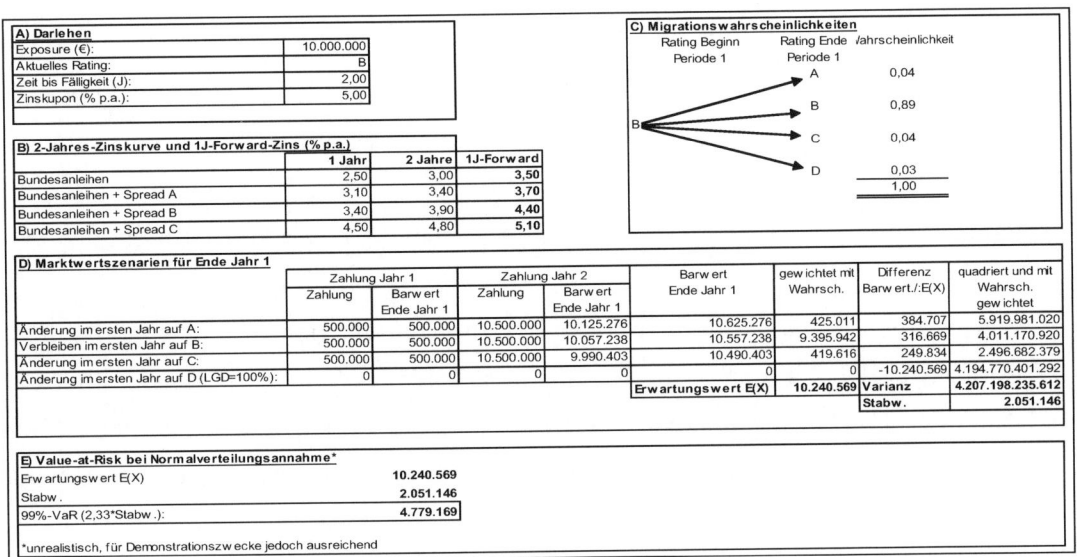

A) Darlehen

Exposure (€):	10.000.000
Aktuelles Rating:	B
Zeit bis Fälligkeit (J):	2,00
Zinskupon (% p.a.):	5,00

B) 2-Jahres-Zinskurve und 1J-Forward-Zins (% p.a.)

	1 Jahr	2 Jahre	1J-Forward
Bundesanleihen	2,50	3,00	3,50
Bundesanleihen + Spread A	3,10	3,40	3,70
Bundesanleihen + Spread B	3,40	3,90	4,40
Bundesanleihen + Spread C	4,50	4,80	5,10

C) Migrationswahrscheinlichkeiten

Rating Beginn Periode 1	Rating Ende Periode 1	Wahrscheinlichkeit
B	A	0,04
	B	0,89
	C	0,04
	D	0,03
		1,00

D) Marktwertszenarien für Ende Jahr 1

	Zahlung Jahr 1		Zahlung Jahr 2		Barwert	gewichtet mit	Differenz	quadriert und mit
	Zahlung	Barwert Ende Jahr 1	Zahlung	Barwert Ende Jahr 1	Ende Jahr 1	Wahrsch.	Barwert./.E(X)	Wahrsch. gewichtet
Änderung im ersten Jahr auf A:	500.000	500.000	10.500.000	10.125.276	10.625.276	425.011	384.707	5.919.981.020
Verbleiben im ersten Jahr auf B:	500.000	500.000	10.500.000	10.057.238	10.557.238	9.395.942	316.669	4.011.170.920
Änderung im ersten Jahr auf C:	500.000	500.000	10.500.000	9.990.403	10.490.403	419.616	249.834	2.496.682.379
Änderung im ersten Jahr auf D (LGD=100%):	0	0	0	0	0	0	-10.240.569	4.194.770.401.292
					Erwartungswert E(X)	10.240.569	Varianz	4.207.198.235.612
							Stabw.	2.051.146

E) Value-at-Risk bei Normalverteilungsannahme*

Erwartungswert E(X)	10.240.569
Stabw.	2.051.146
99%-VaR (2,33*Stabw.):	4.779.169

*unrealistisch, für Demonstrationszwecke jedoch ausreichend

Abbildung 5: Berechnung des CVaR eines Einzelgeschäfts[45]

Für jedes Migrationsszenario wird ein Marktwert errechnet und mit der Migrationswahrscheinlichkeit gewichtet. Über die Wahrscheinlichkeitsverteilung des Kreditrisikos (hier vereinfachend standardnormalverteilt) erhält man den CVaR für verschiedene Konfidenzniveaus.

Entscheidend sind nun die in der Migrationsmatrix enthaltenen Wahrscheinlichkeiten. CreditMetrics verwendet die durchschnittlichen historischen Ausfall- und Migrationsraten je Ratingklasse.[46] Das bedeutet, dass, unabhängig von der Konjunktursituation für den Betrachtungshorizont von einem Jahr, Ausfallwerte verwendet werden, die aufgrund einer Through-the-Cycle-Philosophie der Agenturen zustandegekommen sind. Zusätzlich werden diese Werte durch die Durchschnittsbildung weiter geglättet, so dass selbst die in Agenturratings vorhandenen (geringen) Zyklizitäten verloren gehen. Variationen innerhalb einer Ratingklasse werden in Kapitel 3.2.3.4 behandelt.

---

[45] eigenes Beispiel, für ausführlichere Beispiele vgl. Wiedemann, A. (2004), S. 162ff., Allen, L./Saunders, A. (2002), S. 87ff.; zu den verwendeten Formeln vgl. Anhang 2

[46] vgl. Schierenbeck, H. (2003), S. 175

18

3.2.3.3 Kreditkorrelationen

Kreditkorrelationen werden berücksichtigt, um von der Einzelgeschäftsebene auf die Portfolioebene zu gelangen. CreditMetrics bedient sich dabei einer Monte-Carlo-Simulation, d.h., nicht alle möglichen korrelierten Kreditpaare werden betrachtet, sondern nur die im Rahmen einer Simulation zufällig gezogenen.[47]

Würden die Einzelgeschäfte unabhängig voneinander betrachtet, entspräche der Portfolio-VaR der Summe der Einzelgeschäfts-VaR-Werte. Dies ist nicht mit dem ökonomischen Hintergrund vereinbar. Man denke an einen Tier-1-Automobilzulieferer erstklassiger Bonität. Der VaR eines Kredits an ihn dürfte gering sein. Befindet sich im Portfolio allerdings zusätzlich ein bonitätsschwacher Hersteller, der Großkunde des Zulieferers ist, und fällt dieser aus, wird damit auch die Bonität des Zulieferers in Mitleidenschaft gezogen. Die Bonitäten der beiden sind korreliert. CreditMetrics verwendet dafür die Aktienkurskorrelationen der Kreditnehmer. Bei nicht-börsennotierten Unternehmen werden pauschal Branchenindizes verwendet. Die Berechnung legt das sogenannte Merton-Modell zugrunde. Im Rahmen der Untersuchung zum Kreditpricing (Kapitel 4) wird dieses optionspreistheoretische Modell noch eingehend betrachtet, deswegen soll hier nicht näher darauf eingegangen werden. Für CreditMetrics bleibt jedoch festzuhalten, dass dadurch im Bereich der Korrelationen ein Point-in-Time-Element enthalten ist.

3.2.3.4 Untersuchung der Zyklizität der Komponenten

Verwendung durchschnittlicher Ausfallraten
Kritik an der Vorgehensweise von CreditMetrics lässt sich vor allem an der Verwendung geglätteter Migrationsmatrizen festmachen. Ein Through-the-Cycle-Rating dürfte aufgrund seiner Zielsetzung keinerlei zyklische Schwankungen aufweisen, was in der Realität jedoch nicht erreicht wird. Ein Grund für die entgegen der Konzeption enthaltenen Schwankungen liegt teilweise sogar in der Motivation der Agenturen, Ratingstabilität zu erreichen. Ratingänderungen werden bis zu einem fundamentalen Ereignis vermieden, dann jedoch erfolgt oft eine Überreaktion, die durch die konjunkturelle Situation geprägt ist. Zum Teil sehen sich die Agenturen auch gezwungen, die nicht immer fundamental begründbare Risikoein-

---

[47] vgl. Wiedemann (2004), S. 186

schätzung des Markts wiederzugeben.[48] Man bezeichnet dieses Reaktionsmodell als „threshold model with overshooting"[49] Formal könnte das Verhalten der Ratingagenturen wie folgt dargestellt werden: Seien

R_0:   Ratingstufe vor Eintritt eines kreditrelevanten Ereignisses

R_1:   Ratingstufe nach Eintritt eines kreditrelevanten Ereignisses

f :   fundamental begründete Höhe der Ratingänderung (in Stufen; $f \geq 1$)

β: fundamental nicht zu begründender, überproportionaler Anteil der Ratingänderung

PD_{R0}:   Worst-Case-PD der Ratingstufe R_0

PDT_O: obere Toleranzgrenze für die Worst-Case-PD der Ratingstufe R_0

PDT_U: untere Toleranzgrenze für die Worst-Case-PD der Ratingstufe R_0

E_K: kreditrelevantes Ereignis (Schock)

$\Delta PD(E_K)$: schockinduzierte positive oder negative Änderung der Worst-Case-PD der Ratingstufe R_0[50]

und seien die möglichen Ratingstufen von 1 bis d ganzzahlig nummeriert, wobei 1 die beste und d die schlechteste Ratingstufe sei, dann kann die Reaktion einer Ratingagentur auf ein kreditrelevantes Ereignis folgendermaßen beschrieben werden:

$$PD_{R_0} + \Delta PD(E_K) \geq PDT_O \Rightarrow \text{für } R_0 > 1: R_1 = R_0 - f \cdot (1+\beta) \qquad \text{(Heraufstufung)}$$
$$\text{für } R_0 = 1: R_1 = R_0 - 0$$

$$PD_{R_0} + \Delta PD(E_K) \leq PDT_U \Rightarrow \text{für } R_0 < d: R_1 = R_0 + f \cdot (1+\beta) \qquad \text{(Herabstufung)}$$
$$\text{für } R_0 = d: R_1 = R_0 + 0$$

$$PD_{R_0} + \Delta PD(E_K) \geq PDT_U \text{ und } \leq PDT_O \Rightarrow R_1 = R_0 \qquad \text{(Keine Änderung)}$$

Eine Ratingagentur akzeptiert somit aufgrund ihrer „Änderungsaversion" eine bestimmte Abweichung der Worst-Case-PD eines Unternehmens in der aktuellen Ratingstufe. Erst bei Überschreiten der Toleranzgrenzen PDT_O oder PDT_U erfolgt eine Herauf- bzw. Herabstufung in die nächsthöheren bzw. –niedrigeren Ratingklassen. Insbesondere am überproportionalen Anteil β und an der Verhaltensweise an den Grenzen (1 und d) wird das Problem eines jeden Ratingsystems

---

[48]   vgl. D'Amato, J./Furfine, C. (2003), S. 12
[49]   ebenda
[50]   eigene Darstellung, für eine komplette Modellierung von Ratingverhalten vgl. z.B. Löffler, G. (2004), S. 5ff.

deutlich: Ein stetiger Risikoverlauf wird in diskreten Stufen abgebildet.[51]

Nickell u.a. quantifizierten den Zusammenhang zwischen Migration und Konjunktur. Sie geben je nach konjunktureller Situation unterschiedliche Migrationsmatrizen und dementsprechend verschiedene Ausfallwahrscheinlichkeiten an. Auffallend ist dabei, dass die Ausfallwahrscheinlichkeiten von Investmentgrade-Unternehmen in Abhängigkeit von der Konjunktur geringer schwanken, als solche von Unternehmen mit „Junk"-Status:

Qualität (Moody's-Ratingstufe)	1- Jahres-Ausfallwahrscheinlichkeit in % (Migration von aktueller Ratingklasse in Ratingklasse D)			Maximale Diff. (Spannweite)
	normale Situation	Boom	Rezession	in %-Pkt.
Investment Grade (hier: A)	0,0	0,0	0,0	0,0
Investment Grade (hier: Baa)	0,2	0,1	0,1	0,1
Non-Investment Grade (hier: C)	12,5	22,4	23,5	11,0

Abbildung 6: 1-Jahres-Ausfallwahrscheinlichkeit verschiedener Ratingstufen[52]

Banken benötigen für die Bestimmung ihrer Ausfallrisikoposition ein Rating, bei dem einer bestimmten Ratingstufe eine mittlere Ausfallwahrscheinlichkeit (Central Tendency) zugeordnet werden kann. Through-the-Cycle-Ratings im Stil der Ratingagenturen geben jedoch lediglich eine relative Güte eines Unternehmens an, d.h. bei den Ratingstufen (AAA, AA,...) handelt es sich um ordinale Maße. Die zyklischen Fehler, die mit einer Verwendung der historischen Durchschnitte begangen werden, veranschaulicht eine Darstellung von Durchschnitts- und aktueller PD der Ratingagentur Moody's schon für den kurzen Zeitraum 3. Quartal 2003 bis 4. Quartal 2004:

---

[51] vgl. Kealhofer, S., u.a. (1998), S. 4ff.
[52] eigene Berechnung nach Nickell, P. u.a. (2001), S. 32

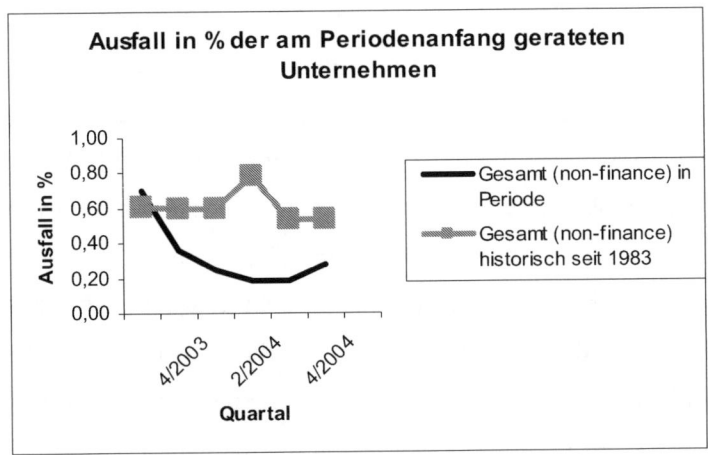

Abbildung 7: Ausfall gerateter Unternehmen aktuell und historisch[53]

Verwendung von Aktienkurskorrelationen

Die Verwendung von Aktienkurskorrelationen im Rahmen des Merton-Modells scheint ein überzeugendes Verfahren bei börsennotierten Unternehmen zu sein.[54] Hier wird durch Einbeziehung des systematischen Risikos ein Zusammenhang zwischen Aktienkurs und PD hergestellt.[55] Es ist jedoch zu beachten, dass damit alle Faktoren, die den Aktienkurs beeinflussen, in das Modell einfließen, z.B. externe Schocks. Schwankungen ergeben sich damit nicht nur aufgrund konjunktureller Einflüsse. Zusätzlich wird die Korrelation von Aktien unterschiedlicher Konjunkturreagibilität geprägt. In manchen Phasen der Übertreibung an den Märkten liegt darüber hinaus nur ein schwacher Zusammenhang zwischen Wirtschaftswachstum und Börsenkursen vor.[56] Anzuzweifeln bleibt m.E. die Aussagefähigkeit im Bereich nicht-börsennotierter Unternehmen, da z.B. gerade für diversifizierte Unternehmen ein Branchenindex nur eine grobe Annäherung darstellen dürfte.[57]

Folgen für die Kreditrisikosteuerung

Der in Kapitel 2.1 gezeigte Zusammenhang zwischen konjunktureller Situation und Kreditrisiko, der sich in jährlich geänderten Ausfallraten niederschlagen müsste, wird in der Einzelgeschäfts-Komponente von CreditMetrics nicht berücksichtigt. Dadurch ergeben sich bei einem kurzfristigen, z.B. jährlichen, Steuerungshorizont

---

[53] zur Datenquelle vgl. Anhang 3
[54] vgl. Schierenbeck, H. (2003), S. 180
[55] vgl. Allen, L./Saunders, A. (2003), S. 4
[56] o.V. (2005b), o.S., vgl. auch Kapitel 4.3.1.3
[57] zu einem ähnlich gelagerten Problem bei der Ermittlung der Risikoprämie (β-Faktor) im Rahmen des WACC-Ansatzes vgl. Betsch, O. u.a. (2000), S. 224

22

für den VaR systematische Fehler. Bei einer Risikoschätzung, die nicht der Realität entspricht, werden auch die daran anknüpfenden risikoadjustierten Performance-kennzahlen, z.B. RORAC systematisch zu hoch (Rezession) bzw. zu niedrig (Boom) ausgewiesen. Vor allem im Rahmen der Planung („Ziel-RORAC"[58]), wenn der VaR als Plangröße verwendet wird, könnte es zu Fehlallokationen von Risiko-kapital kommen. So wären Verwerfungen möglich, wenn z.B. in einer Rezession in besonders konjunktursensitive Branchen investiert würde, weil die Zyklizität sich nicht auf deren Risikoeinstufung auswirken würde. Im folgenden Abschnitt wird deswegen ein Portfoliomodell untersucht, das explizit makroökonomische Größen einbezieht. Inwieweit die verwendeten Aktienkurskorrelationen die Zyklizität erhöhen, kann in diesem Rahmen nicht quantifiziert werden, da über den Einfluss der Korrelationen auch in der Literatur Uneinigkeit herrscht.[59]

3.2.4 Umsetzung als Point-in-Time-Ansatz am Beispiel von Credit Portfolio View[60]

3.2.4.1 Übersicht über die Funktionsweise

Das von McKinsey entwickelte Credit Portfolio View gehört zu den sogenannten kausalanalytischen Modellen. Das Kreditrisiko wird dabei als Funktion verschiede-ner makroökonomischer Variablen aufgefasst:

$$p_{j \to i} = f(\text{Makro variable})$$

mit

p: Migrationswahrscheinlichkeit; j: Ratingstufe in Periode t; i: Ratingstufe in Periode t+1

Im Rahmen eines Regressionsmodells wird zunächst für jeden makroökonomi-schen Einflussfaktor (z.B. BIP-Wachstum, Leitzinsen) eine segmentspezifische Regressionsfunktion gesucht. Daraus lässt sich für jedes Segment (z.B. Branche, Land) ein makroökonomischer Index errechnen. Dieser wiederum wird über eine logistische Funktion[61], die den historischen Zusammenhang zwischen Makroöko-nomie und Ausfallrate wiedergibt, in eine Ausfallwahrscheinlichkeit überführt, die

---

[58] vgl. Schierenbeck, H. (2003), S. 43ff.
[59] vgl. Kern, M. (2001), S. 221f., vgl. Anhang 4 zu Aspekten dazu
[60] CPV-Macro, das Modell CPV-Direct wird nicht analysiert, vgl. Allen, L./Saunders, A. (2002), S. 113
[61] vgl. Schwarze, J. (2001), S. 137

die Grundlage für eine CVaR-Berechnung bildet. Die Vorgehensweise des Modells ist in Abbildung 7 dargestellt:

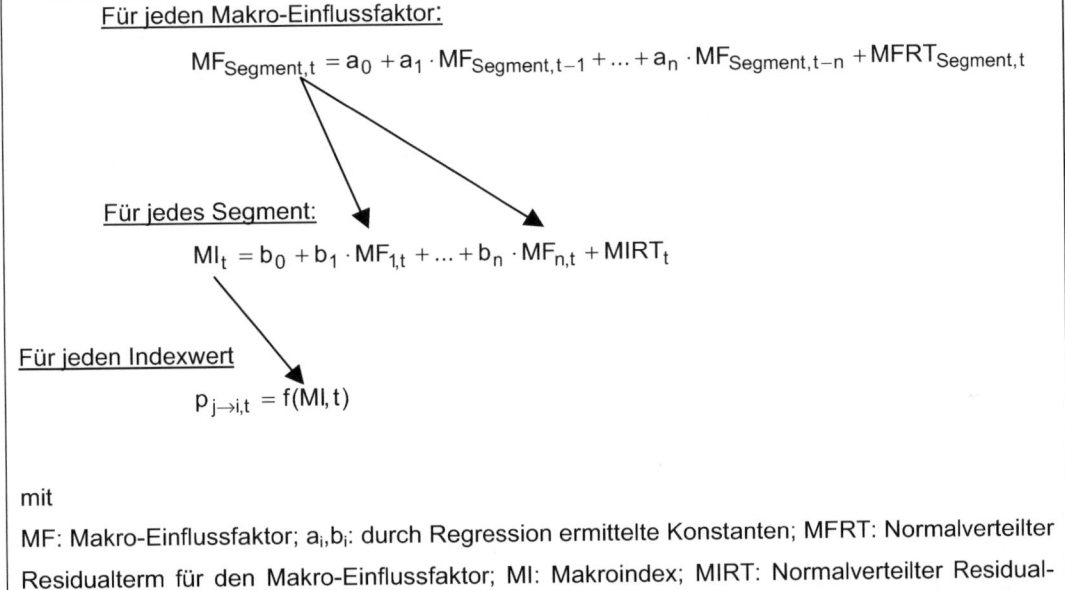

Für jeden Makro-Einflussfaktor:

$$MF_{Segment,t} = a_0 + a_1 \cdot MF_{Segment,t-1} + \ldots + a_n \cdot MF_{Segment,t-n} + MFRT_{Segment,t}$$

Für jedes Segment:

$$MI_t = b_0 + b_1 \cdot MF_{1,t} + \ldots + b_n \cdot MF_{n,t} + MIRT_t$$

Für jeden Indexwert

$$p_{j \rightarrow i,t} = f(MI, t)$$

mit

MF: Makro-Einflussfaktor; a_i, b_i: durch Regression ermittelte Konstanten; MFRT: Normalverteilter Residualterm für den Makro-Einflussfaktor; MI: Makroindex; MIRT: Normalverteilter Residualterm für den Makroindex; t: Zeit; p: Migrationswahrscheinlichkeit; j: Ratingstufe in Periode t; i: Ratingstufe in Periode t+1;

Abbildung 8: Das Regressionsmodell von Credit Portfolio View[62]

In die Prognosegleichungen fließen die makroökonomischen Vergangenheitswerte ein. Die Entwicklung wird also - angepasst durch die Konstanten - in die Zukunft fortgeschrieben. Über die beiden Residualterme MFRT und MIRT modelliert der makroökonomische Index jedoch auch die unerwartete Entwicklung. Die Terme werden als normalverteilt behandelt und im Rahmen einer Monte-Carlo-Simulation ermittelt.[63] Mit den erhaltenen Szenarien kann dann das Verlustprofil des Kreditportfolios errechnet werden.

---

[62] eigene Darstellung, zu einer formal ausführlicheren Herleitung vgl. Wiedemann (2004), S. 198ff. und Allen, L./Saunders, A. (2002), S. 108ff.

[63] vgl. Wiedemann (2004), S. 200

3.2.4.2 Untersuchung der Zyklizität der Komponenten

Von der Grundausrichtung her ist bei Credit Portfolio View die Zyklizität gegeben, die bei CreditMetrics vernachlässigt wird. Damit wird der in Kapitel 2.1 gezeigte Zusammenhang berücksichtigt. Ausfallraten und Migrationswahrscheinlichkeiten werden wie im CreditMetrics-Modell aus Daten der Ratingagenturen gewonnen. Allerdings werden nicht langjährige Durchschnitte verwendet, sondern historische Zusammenhänge zwischen makroökonomischen Faktoren und den Ausfallraten. Die Analyse erfolgt unter expliziter Berücksichtigung verschiedener Branchenzyklen und Zyklusanfälligkeiten. Durch eine Einordnung der Kreditnehmer in Segmente kann damit eine genauere Risikoeinschätzung in Bezug auf die aktuelle gesamtwirtschaftliche Situation vorgenommen werden als mit den Durchschnittsdaten der Agenturen.

Auch hier müssen einer Bank bestimmte Eigenschaften der Agenturdaten bewusst sein. Idealtypisch sollte eine Agentur die Konjunkturszenarien in der Ratingnote berücksichtigen. Kommt es allerdings zu einem einschneidenden konjunkturellen Ereignis, das im Normalfall mit zeitlicher Verzögerung bekannt wird, müsste sich dies in einer Ratingänderung widerspiegeln. Agenturratings weisen ihrerseits eine gewisse Zeitverzögerung auf, die über die Zeitreihenanalyse von CPV automatisch in die Beurteilung einfließt. Diese Verzögerungen kommen mitunter wegen begrenzter personeller Ressourcen der Ratingagenturen zustande, nicht jeder Wert kann zeitnah beobachtet werden. Zeitliche Nähe ist auch wegen des internen Abstimmungsaufwands der Agenturen nicht gewährleistet, Ratingnoten sind teilweise lediglich das Ergebnis eines bürokratischen Prozesses.[64] Die langsame Reaktionsweise der Agenturen führte laut einer Untersuchung dazu, dass noch drei Monate vor Ausfall 4,0% der von Standard & Poor's und 2,7% der von Moody's gerateten, ausgefallenen Unternehmen Investmentgradestatus besaßen.[65] Resultat der Zeitverzögerung sind mitunter auch folgende Situationen, in denen die PD einer Ratingklasse r größer ist als diejenige einer schlechteren Ratingklasse n>r. Beobachtet wurde zum Beispiel, dass die Ausfallwahrscheinlichkeit von AA-Werten 0,19% betrug, während in der Klasse BB ein Unternehmen lediglich eine Ausfall-

---

[64] vgl. Nickell, P. u.a. (2001), S. 26
[65] Behr, P./Güttler, A. (2004), S. 107

wahrscheinlichkeit von 0,17% aufwies.[66]

Die Korrelationen der Kreditnehmer werden modellendogen durch die Bildung verschiedener Segmente und deren unterschiedliche Reagibilität auf Makro-Faktoren berücksichtigt. Es muss hierzu kein Aktienindex verwendet werden, womit die Problematik nicht-börsennotierter Unternehmen umgangen wird.[67]

Trotzdem werden in großem Umfang historische Zusammenhänge herangezogen und in die Zukunft fortgeschrieben. Da aber die Prognoseunsicherheit über eine Simulation der Residualterme berücksichtigt wird, erscheint die Fortschreibung zulässig. Problematisch erscheint hingegen die Anwendung des Modells auf Märkte, die nicht mit der Datenbasis übereinstimmen.[68]

3.2.5 Fazit

Die beiden untersuchten Modelle müssen sich daran messen lassen, inwieweit sie die in Kapitel 3.2.1 aufgestellten Anforderungen an die Kapitalallokation erfüllen. Zunächst sollen Sie eine Grundlage für ein aktives Kreditportfoliomanagement auf Basis des Credit-Value-at-Risk bereitstellen. Diese Anforderung wird von beiden Modellen erfüllt, da sie eine marktwertorientierte Bewertung des Portfolios ermöglichen. Weiterhin sollen die Modelle zeitnahe Steuerungsdaten zur Verfügung stellen. Es muss eine Steuerung in Abhängigkeit des gesamtwirtschaftlichen Umfelds möglich sein. Diese Forderung erfüllt m.E. nur das Modell von Credit Portfolio View. Die sinnvollere Risikoeinschätzung wird deutlich, wenn man die von CPV bestimmte Kennzahl „Risikofaktor", betrachtet[69]:

$$CPV - Risikofaktor = \frac{prognostizierte\ PD\ für\ die\ nächste\ Periode}{durchschnittliche\ PD\ einer\ Periode}$$

Hier wird gleichsam der Zusammenhang zwischen CreditMetrics und CPV errechnet: in den Rezessionsphasen, in denen der Risikofaktor Werte >1 annimmt, ist die Durchschnittsschätzung mit historischen Daten zu niedrig, et vice versa.

---

[66] Schlechtestes 10%-Quantil der Klasse AA verglichen mit bestem 10%-Quantil der Klasse BB, Werte von Moody's für 1991, vgl. Kealhofer, S., u.a. (1998), S. 13
[67] vgl. Kapitel 3.2.3.4
[68] vgl. dazu auch Schierenbeck, H. (2003), S. 191
[69] Schierenbeck, H. (2003), S. 188

4 Berücksichtigung zyklischer Effekte im Kreditpricing

4.1 Berücksichtigung des Ausfallrisikos in der Kreditkondition

Wie unter Punkt 1.2 definiert, befasst sich das Kreditpricing mit der Einrechnung des Ausfallrisikos, hauptsächlich des erwarteten Verlusts[70], in die Kreditkondition. Bevor zyklische Methoden der Preisbildung untersucht werden, muss die generelle Vorgehensweise bei der Kalkulation geklärt werden.

Im Rahmen der Kostenrechnung werden erwartete Verluste als Standardrisikokosten des Kreditgeschäfts bezeichnet.[71] Der erwartete Verlust (EL) berechnet sich wie folgt: EL = PD · LGD · EAD. Ziel der Kalkulation ist nun, wie bei der Prämienberechnung im Versicherungsgeschäft, aus der Gesamtheit der Kreditnehmer verschiedene „Solidargemeinschaften" zu bilden. Diesen Gruppen werden gleiche risikoadäquate „Versicherungsprämien", die die Ausfallwahrscheinlichkeit (PD) decken, berechnet.[72] Um eine objektive Zuordnung zu den Kreditnehmergruppen zu ermöglichen, bedient man sich der internen Ratingsysteme. LGD und EAD werden fazilitätsspezifisch ermittelt, worauf hier nicht weiter eingegangen werden soll. Hat man für ein Einzelgeschäft den erwarteten Verlust ermittelt, erfolgt die Umrechnung in die Kreditkondition:

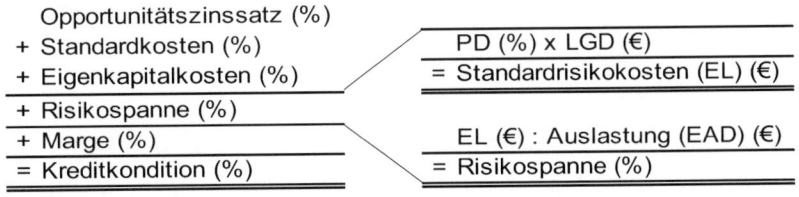

Abbildung 9: Einrechnung der Standardrisikokosten in die Kreditkondition[73]

Die Standardrisikokosten fließen über die sogenannte Risikospanne in die Kreditkondition ein. Der Bestandteil „Eigenkapitalkosten" enthält die Verzinsung des vorzuhaltenden Eigenkapitals, d.h. indirekt eine Komponente des unerwarteten

---

[70] Offenbar zurzeit noch bedeutsamster Teil der Risikokosten, da regulatorisch kein Anreiz besteht, eine am UL orientierte Eigenkapitalunterlegung vorzunehmen. Schierenbeck spricht von der Kalkulation des „klassische[n] Ausfallrisiko[s] im Kreditgeschäft", womit die überragende Bedeutung der Standardrisikokosten angedeutet wird, vgl. Schierenbeck, H. (2001), S. 315

[71] vgl. Wimmer, K. (2002), S. 323

[72] zur Versicherungsanalogie vgl. Becker, H./Peppmeier, A. (2002), S. 483

[73] eigene Darstellung, vgl. LBBW (2004), S. 36, Schierenbeck, H. (2001), S. 305

28

Verlusts. Dies wird hier, wie in oben stehender Fußnote angedeutet, nicht weiter berücksichtigt.

Somit sind Ratingsysteme auch Grundlage der Kalkulation. Sie haben zur Aufgabe, den Risikospannenbestandteil PD so zu ermitteln, dass über die Laufzeit des Kredits die Versicherungsprämie des Kreditnehmers vereinnahmt wird. Die nächsten Abschnitte widmen sich der Frage, wie dies vor dem Hintergrund zyklischer Effekte und der Auswirkungen auf verschiedene Kreditlaufzeiten erreicht werden kann.

4.2   Restriktionen in der Praxis

Mit der Konditionengestaltung muss, wie oben gezeigt, über das Leben eines Darlehens die Risikoprämie verdient werden. Durch die Einstufung in eine Ratingklasse wird damit bei Laufzeitbeginn festgelegt, wie hoch diese Risikospanne angesetzt werden muss. In der Praxis können Darlehenslaufzeit und Art der Zinsvereinbarung vertraglich unterschiedlich ausgestaltet sein. Im Laufzeitbereich ist jede Frist von „täglich fällig", z.B. bei Kontokorrentkrediten bis „unendlich", bei Anleihen[74] möglich. Im Unternehmenskreditgeschäft sind mehrjährige Laufzeiten möglich, etwa in Kongruenz zur Abschreibungsdauer einer Maschine. Zinsvereinbarungen können dabei jederzeit kündbar sein oder einer Zinsbindung unterliegen.[75]

Zusätzlich sind für die Entwicklung des zugrunde liegenden Risikos nach Vertragsbeginn verschiedene Szenarien denkbar. Das Ausfallrisiko eines Unternehmens mit anfänglich guter Bonität kann sich erhöhen, gleich bleiben oder sinken. Hier wird die Problematik der Zinsbindung aus Risikosicht deutlich: einem Preis werden n Risikosituationen zugeordnet. Berücksichtigt man darüber hinaus den Zusammenhang zwischen Konjunktur- und Risikoentwicklung, kann sich schon aufgrund konjunktureller Änderungen eine zu hohe oder zu niedrige Preissetzung ergeben:

---

[74] vgl. z.B. 4,375% nachrangige Anleihe der Allianz Finance II B.V., ISIN XS 021 163 783 9
[75] vgl. Rösler, P. u.a. (2002), S. 193f. und S. 203ff.

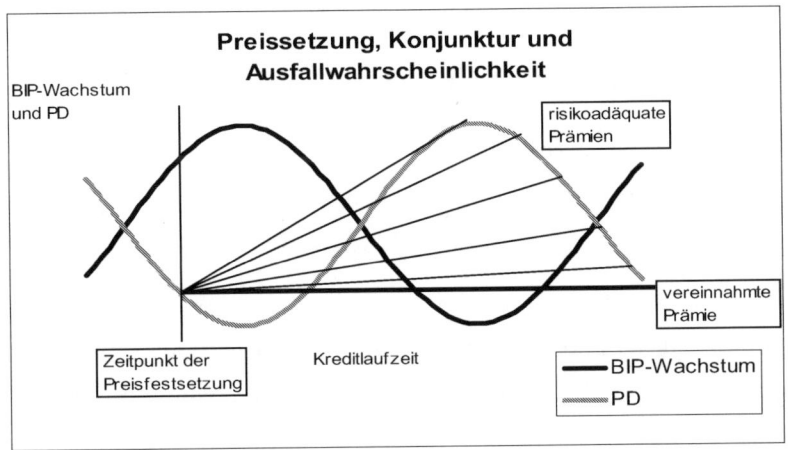

Abbildung 10: Konjunktur- und Risikoszenarien nach Preissetzung[76]

In den folgenden Kapiteln wird überlegt, wie diese Problematik über die Gestaltung der Ratingsysteme und Pricinginstrumente der Kreditrisikosteuerung für verschiedene Fristigkeiten abgemildert werden könnte.

Zugrundegelegt ist die Überlegung, dass bei kurzen Zinsbindungen oder „bis auf weiteres" vereinbarten Konditionen eine häufige (stetige?) Anpassung der Prämie an die Risikoänderungen erfolgen sollte, weil hier die aktuelle konjunkturelle Situation für die Laufzeit der Vereinbarung dominant erscheint. Dies legt eine Vorgehensweise ähnlich der Anpassung der Risikoprämien oder Kurse am Aktien- oder Kapitalmarkt nahe, was ausführlich untersucht wird.

Bei langfristigen Zinsbindungen sollte ein Worst-Case-Szenario in die Kondition eingepreist werden[77] – womit eine Annäherung an die Through-the-Cycle-Systematik der Ratingagenturen sinnvoll erscheint. Im Rahmen dieser Arbeit wird dies nicht weiter verfolgt. Es werden hingegen Ansätze der diskreten Anpassung der Risikoprämien, z.B. über Covenants untersucht, die es über vertragliche Vereinbarungen erlauben, die Starrheit zinsgebundener Darlehen zugunsten einer höheren Risikoadäquanz aufzuheben.

---

[76] eigene Darstellung
[77] vgl. Carey, M./Treacy, W. (1998), S. 899

4.3   Ansätze zyklischer Bepreisung in der kurzen Frist

4.3.1   Optionspreistheoretische Modelle als Point-in-Time-Ansatz

4.3.1.1 Theoretische Grundlage: Merton-Modell

Optionspreistheoretische Modelle begreifen die Finanzierung eines Unternehmens mit Eigen- und Fremdkapital als optionale Geschäfte. In diesem von Merton auf der Grundlage von Black und Scholes entwickelten Modell wird der Eigenkapitalgeber als Käufer einer Put-Option auf das Unternehmensvermögen (=underlying) interpretiert, während der Fremdkapitalgeber die Stillhalterposition einnimmt. Zu Beginn der Darlehenslaufzeit zahlt der Fremdkapitalgeber den Darlehensbetrag in das Unternehmen ein. Die Darlehenszinsen stellen die Optionsprämie dar. Bei Fälligkeit des Darlehens hat der Eigenkapitalgeber das Recht, seine Verkaufsoption auszuüben. Diese besteht darin, Insolvenz anzumelden (=Ausübung), d.h. dem Fremdkapitalgeber das Unternehmensvermögen (assets) anzudienen, oder alternativ das Darlehen abzulösen (=Nichtausübung).[78] Er wird folgendermaßen verfahren: Ausübung, wenn asset value < Schulden und Nichtausübung, wenn asset value ≥ Schulden gilt. Um die zyklischen Eigenschaften verstehen zu können, ist eine Betrachtung der Inputparameter nötig. Folgende Determinanten des Optionspreises fungieren in Analogie zu gewöhnlichen Finanzoptionen:

Determinante der Black-Scholes-Welt	Äquivalent des Merton-Modells	Wirkung von ΔParameter>0 auf Put-Prämie
Ausübungspreis	Nominalbetrag des Fremdkapitals	steigt
Restlaufzeit	Restliche Darlehenslaufzeit	steigt
Risikoloser Zins	Risikoloser Zins	sinkt
Volatilität des Basisobjekts	Volatilität des Werts des Unternehmensvermögens	steigt

Abbildung 11: Analogien zwischen Black-Scholes- und Merton-Modell[79]

Das Merton-Modell geht von strengen Voraussetzungen aus, z.B. unbegrenzter Teilbarkeit von Wertpapieren und Abwesenheit von Transaktionskosten.[80] Neben diesen Forderungen ist auch auf die zahlreichen Datenprobleme der Praxis hinzuweisen: schon die modellinhärenten Annahmen eines einzigen Fremdkapitalpostens und gleicher Fälligkeit aller Schulden sind äußerst schwer auf ein „echtes" Unternehmen anzupassen.

---

[78] aus Sicht des Stillhalters vgl. Allen, L./Saunders, A. (2002), S. 47

[79] vgl. Perridon, L./Steiner, M. (2004), S. 339, Allen, L./Saunders, A. (2002), S. 47, Steinbrenner, H. (2001), S. 172ff.

[80] vgl. Lando, D. (2004), S. 8

Dieses Modell ändert die Risikoprämie mit der Änderung des Unternehmenswerts, der z.B. durch den Aktienkurs repräsentiert wird. Aufgrund dieser ständigen Prämienanpassung weist das Modell zyklische Schwankungen auf und kann als Point-in-Time-Ansatz klassifiziert werden.[81]

4.3.1.2 Umsetzung: KMV Credit Monitor

Ein Beispiel für die praktische Umsetzung des Merton-Modells findet sich im Analyseprogramm KMV Credit Monitor. Der Unternehmenswert wird mithilfe des Börsenwerts approximiert und der Eigenkapitalgeber (Aktionär) als Halter einer Call-Option auf das Unternehmensvermögen interpretiert. Dies ist eine leichte Abwandlung zum Merton-Modell, die wegen der Reziprozität von Put und Call allerdings keine Schwierigkeit darstellt. Für Pricing-Zwecke scheint es geeignet, weil es das Risikoprofil eines einzelnen Unternehmens modelliert und keine Portfoliobetrachtung darstellt.[82]

Analog zur theoretischen Grundlage muss zunächst der <u>Ausübungspreis</u>, der sogenannte „default point" definiert werden. Diese Ausfallschwelle wird durch den Marktwert der Schulden markiert. Da ein Unternehmen in der Regel nicht die Laufzeithomogenität aufweist, die das Merton-Modell benötigt, behilft sich KMV mit einer einfachen Annäherung:

Marktwert des Fremdkapitals = kurzfristige Verbindlichkeiten + ½ langfristige Verbindlichkeiten[83]

Als <u>Restlaufzeit</u> wird der Prognosehorizont, z.B. ein Jahr, nicht etwa der Durchschnitt der Kreditlaufzeiten verwendet. Dies ist nachvollziehbar, da die Risikobetrachtung gerade auf den Prognosezeitraum erfolgen soll.

Der <u>risikolose Zins</u> der in einem Optionspreismodell als Drift-Parameter zu interpretieren ist wird von Credit Monitor aufgrund des geringen Informationsgewinns vernachlässigt. Innerhalb des Modells müsste eine Drift des Unternehmensvermögens dargestellt werden, was nicht sinnvoll zu beobachten ist.[84]

---

[81] vgl. Rösch, D. (2004), S. 5
[82] das Modell schätzt die Standardrisikokosten, vgl. Kley, C. (2003), S. 4
[83] vgl. Lando (2002), S. 51
[84] vgl. Crosbie, P./Bohn, J. (2003), S. 14

Um die in die Berechnung eingehende Volatilität zu bestimmen, wird der Unternehmenswert durch den Börsenwert substituiert, was mit einer „'structural' relationship"[85] der beiden Größen begründet wird. Diese besitzt zwei Ausprägungen:

1) Marktwert des Unternehmensvermögens (UV) ↔ Marktwert des Eigenkapitals (EK)
2) Volatilität des UV-Marktwerts ↔ Volatilität des EK-Marktwerts[86]

Die so festgelegten Eingabeparameter müssen nun in eine Ausfallwahrscheinlichkeit überführt werden. Moody's KMV bedient sich dazu der sogenannten Distance to Default (DTD). Diese gibt an, wie viele Standardabweichungen (z·σ) der Marktwert des Unternehmensvermögens vom default point entfernt ist:

$$DTD = \frac{(\text{Marktwert des UV}) - (\text{Default Point})}{(\text{Marktwert des UV}) \cdot (\text{Volatilität des UV} - \text{Marktwerts})}$$

Die erwartete Ausfallwahrscheinlichkeit entspricht dann dem Durchschnitt aller möglichen, jeweils mit ihrer Eintrittswahrscheinlichkeit gewichteten DTD-Werte.[87] Da diese Verteilung in der Realität schwer zu beobachten ist, ordnet Credit Monitor der DTD eine empirische Ausfallwahrscheinlichkeit zu. Diese beruht auf einer Datenbank mit ca. 250.000 Unternehmensjahren und 4.700 Ausfallereignissen.[88] Somit berechnet der optionspreistheoretische Teil des Modells nicht direkt die Ausfallwahrscheinlichkeit (Optionsprämie), sondern lediglich die Distance to Default. Dies wird damit begründet, dass die rein im Modell ermittelte Risikoprämie zu hoch wäre.[89] Zusätzlich wird die der Ausfallwahrscheinlichkeit entsprechende Moody's-Ratingnote angegeben.

4.3.1.3 Untersuchung der Zyklizität der Komponenten

Für eine Analyse der zyklischen Effekte liegt es nahe, die zentrale Größe Distance to Default näher zu betrachten. Sie wird zunächst durch Marktwert und Volatilität des Unternehmensvermögens geprägt, approximiert mit Börsendaten. Damit fließen in die Schätzung des Ausfallrisikos sämtliche im Börsenkurs enthaltenen

---

[85] Allen, L./Saunders, A. (2002), S. 49
[86] vgl. ebenda
[87] vgl. Grafik in Anhang 5
[88] vgl. Crosbie, P./Bohn, J. (2003), S. 14
[89] vgl. Madan, D. (2000), S. 7

Informationen ein. Denkbar sind neben unternehmensspezifischen und konjunkturellen Effekten auch reine Handelseffekte, z.B. aufgrund mangelnder Liquidität oder Trendänderungen im Gesamtmarkt. Im Rahmen eines Point-In-Time-Systems für die Kreditrisikosteuerung ist somit zu klären, inwieweit der Aktienkurs geeignet ist, trotz dieser Effekte eine Kreditrisikoaussage zu treffen und zeitnah auf Risikoänderungen zu reagieren.

Kreditrisikoaussage

Marktwert und Volatilität des Unternehmensvermögens[90], gewonnen aus dem Börsenkurs, geben den Durchschnitt der Meinungen der Marktteilnehmer zu einem bestimmten Unternehmen wieder. Es müssten damit alle verfügbaren Informationen, auch die der Insider, im Börsenkurs eingepreist sein. Ebenso müssten alle Risikoschätzungen Eingang in den Kurs finden. Ohne dass damit eine Effizienz des Markts gefordert wird, reflektiert der Kurs offensichtlich die bestmögliche durchschnittliche Einschätzung. Dies verdeutlicht z.B. der geringe Erfolg von Investmentfonds, dauerhaft den Markt zu schlagen. Illiquidität könnte diese Preiseffizienz beeinträchtigen. Im Rahmen von Credit Monitor scheint das jedoch kein Problem darzustellen: empirisch konnte nachgewiesen werden, dass wenige sich ökonomisch verhaltende Investoren ausreichen, um einen risikoadäquaten Preis festzulegen.[91]

In Kapitel 3.2.3.4 wurde die Problematik unterschiedlicher Konjunkturreagibilität von Aktien verschiedener Branchen und Länder angesprochen. Die Zuordnung der Distance to Default zu einer Ausfallwahrscheinlichkeit erweist sich demgegenüber als robust, weil der Aktienkurs auch diese Verschiedenheiten widerspiegelt.[92] Differenzierte Reaktionen des Kurses auf Konjunkturänderungen sind vermutlich gerade auf Unterschiede in der Relevanz der Konjunktur für die Ausfallwahrscheinlichkeit zurückzuführen. Die Aussagekraft von Aktienindizes bezüglich der Konjunktur und des Kreditrisikos ist damit gegeben.[93]

---

[90] Die Auswirkung einer Veränderung von Marktwert oder Volatilität auf die Distance to Default ist in Anhang 6 zur Ergänzung analytisch dargestellt.
[91] vgl. Crosbie, P./Bohn, J. (2003), S. 22
[92] vgl. ebenda
[93] so auch Zhu, H. (2004), S. 10

34

Volatilitätsänderungen weisen erfahrungsgemäß eine negative Korrelation zu Aktienkursen auf.[94] Somit wirkt auf die Distance to Default ein zweifacher Effekt. Ein sinkender Aktienkurs senkt zusammen mit einer erhöhten Volatilität die Distance to Default in verstärktem Maße, wodurch möglicherweise ein „Vorsichtsprinzip" in die Einschätzung mit aufgenommen wird.

Die Zuverlässigkeit einer Nutzung von Aktienmarktdaten für die Kreditrisikobestimmung wird auch deutlich, wenn man die Trennschärfe des KMV-Modells im Vergleich zu Agenturratings betrachtet. In der folgenden Abbildung würden Modelle, die keine Vorhersagekraft besitzen, auf der eingezeichneten 45-Grad-Linie liegen. KMV war im betrachteten Zeitraum stärker als Standard & Poor's in der Lage, „gute" von „schlechten" Unternehmen zu trennen:

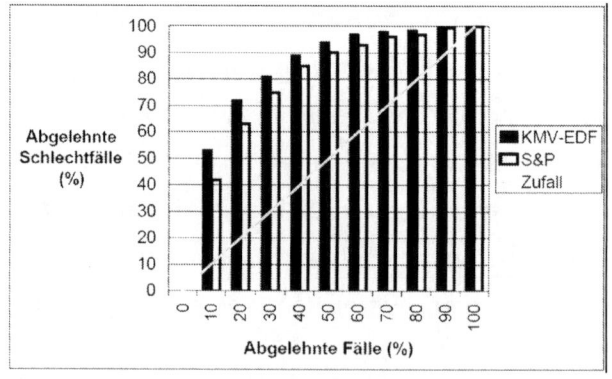

Abbildung 12: Trennschärfe von KMV (EDF) und Standard & Poor's[95]

Der Default Point, als „Marktwert" der Schulden, wird in Credit Monitor durch deren Buchwert[96] dargestellt. Somit fließen in das zyklisch-dynamische Optionspreismodell statische Bilanzdaten ein. Die Bekanntgabe neuer Unternehmenszahlen führt eventuell zu einem Sprung in der berechneten Risikobeurteilung, insbesondere, wenn gleichzeitig größere Reaktionen des Aktienkurses auf die neue Datenlage stattfinden. Diese „jumps", die zu einem Einpreisen der neuen Informationen führen, können als Kritikpunkt angesehen werden, da sie zu diskreten Einschnitten in der ansonsten stetig verlaufenden „Beurteilung" führen.[97]

---

[94] vgl. z.B. die Entwicklung des Volatilitäts-DAX im Vergleich zum DAX seit 1990
[95] für 1979-1990, eigene Abbildung, schematisiert und angelehnt an Kealhofer, S. (2003), S. 35
[96] vgl. Crosbie, P./Bohn, J. (2003), S. 10
[97] vgl. Allen, L./Saunders, A. (2002), S. 58

Reaktion auf Risikoänderungen

Durch die ständige Anpassung der errechneten Ausfallwahrscheinlichkeit über den Aktienkurs erfolgt eine Echtzeitanpassung an alle risikorelevanten Informationen, die sich im Aktienkurs niederschlagen. Für die Einschätzung von Credit Monitor als Frühwarnsystem bietet sich ein Vergleich mit Herabstufungen des externen Ratings durch die Ratingagenturen an. Wie oben erwähnt (vgl. Kapitel 3.2.4.2) reagieren diese recht spät auf Signale eines drohenden Ausfalls. In einem untersuchten Zeitraum von 1993-1998 zeigte KMV Herabstufungen im Non-Investmentgrade-Bereich bereits zwölf Monate vor ihrem Eintreten in ca. 73% der Fälle korrekt an. Wurde die Vorhersage drei Monate vor Eintreten gemacht, traf sie in über 80% der Fälle zu.[98] Dies belegt sowohl die Frühwarngüte von Credit Monitor als auch das hohe Sicherheitsniveau des Modells.

Fazit für einen Einsatz im Pricing

Das untersuchte Modell ermöglicht eine Änderung der Risikoprämien in der Frequenz der Preisfeststellung am Aktienmarkt. Über den Aktienkurs werden sämtliche denkbaren zyklischen Parameter abgebildet und in die Kreditrisikobestimmung aufgenommen.[99] Die Einbeziehung empirischer Daten passt das theoretische Optionspreismodell an die Realität an und ermöglicht eine Umrechnung der – sich ständig ändernden - Ausfallwahrscheinlichkeit in die Risikospanne. Ein Pricing, das sich daran orientiert, ermöglicht eine Berücksichtigung zyklischer Effekte in der Risikoprämie. Bei variabel verzinsten Kreditgeschäften könnte jeweils am Zinsänderungsdatum die neue Risikoprämie in die Kondition des nächsten Zinsberechnungszeitraums eingerechnet werden. Dies könnte automatisiert über das Modell erfolgen, ohne dass eine erneute Analyse des Kreditnehmers nötig wäre. Die Anwendbarkeit bleibt beschränkt auf börsennotierte Unternehmen. Für privat gehaltene Unternehmen ist eine Anwendung des Moody's-KMV-Schwestermodells „RiskCalc" denkbar, dessen Güte hier nicht betrachtet werden soll, das aber offensichtlich über eine ähnliche Trennschärfe verfügt.[100] Durch die Verwendung von Bilanzdaten zur Bestimmung der Schulden wird dem Modell ein Teil der Aktualität genommen. Die Effizienz dürfte auch in dieser Hinsicht bei börsennotierten Unternehmen höher sein, da z.B. durch Quartalsberichte ständig aktuelle Zahlen eingearbeitet werden könnten.

---

[98] vgl. Kealhofer, S. (2003), S. 39
[99] vgl. Crosbie, P./Bohn, J. (2003), S. 30
[100] vgl. Dwyer, D. u.a. (2004), S. 27ff.

4.3.2 Bond- und CDS-Spreads im Pricing: Point-in-Time oder Through-the-Cycle?

4.3.2.1 Spreads und ihre Bestandteile als Risikomaße am Kassa- und Derivatemarkt

Für Pricing-Zwecke ist alternativ zu Aktienkursen denkbar, Daten des Fremdkapitalmarkts heranzuziehen. Zwei Bedingungen sind daran geknüpft: Die Daten sollten ein Risikomaß angeben und dieses implizite Risikomaß sollte mit der echten Ausfallwahrscheinlichkeit übereinstimmen. In den folgenden Abschnitten wird untersucht, inwieweit die Marktpreise für eine (zyklische) Gestaltung des Kreditpreises geeignet erscheinen. Am Kassamarkt dienen Bond-Spreads als Risikomaß. Am Markt für Kreditderivate werden Kreditrisiken separat gehandelt. Hier zeigen die Prämien von Credit Default Swaps (CDS-Spreads) das Kreditrisiko an.

Käufer sehr sicherer Anleihen (z.B. Bundesanleihen) erhalten eine Verzinsung, die als nahezu risikolos interpretiert werden kann. Sobald ein Anleiheschuldner eine schlechtere Bonität aufweist als die Emittenten dieser Vergleichsanleihen, muss die „Kreditkondition" eine Kompensation des Risikos enthalten. Ein Bondinvestor möchte die risikolose Rendite und eine Entschädigung für das zusätzlich übernommene Risiko vereinnahmen. Somit muss die Differenz zur risikolosen Anleihe den erwarteten Verlust (PD · LGD · Nominalbetrag) und den mit Unsicherheit behafteten unerwarteten Verlust decken. Während PD und LGD dem Kreditrisiko zuzurechnen sind, hat der unerwartete Verlust bei gehandelten Papieren mehrere Ursachen. Der Käufer eines Fixed-Coupon-Papiers geht mit dem Kauf zusätzlich Zinsänderungsrisiken und Liquiditätsrisiken ein, die Kursverluste bzw. Spreaderhöhungen bedingen können. Die Differenz zwischen Spread und Kreditrisiko ist somit in der Regel positiv.[101] Zur Bildung von marktgerechten bankinternen Risikospannen sollten diese Differenzen möglichst gering sein. Hull untersucht in einer Studie die Spreads über US-Treasuries und ihre Zusammensetzung. Der Anteil des Spreads, der zur Abdeckung des Kreditrisikos nötig wäre, beträgt bei Aaa-gerateten Papieren lediglich 2,4%, während er sich bei sehr schlechten Kreditnehmern (≤Caa) auf 76,8% beläuft.[102] Für sehr gute Bonitäten scheint damit eine an den Fremdkapitalmarkt angelehnte Kreditbepreisung nicht geeignet, da die dem Kreditnehmer berechneten Kosten die Risikokosten übersteigen würden. Zusätzlich

---

[101] vgl. Hull, J. u.a. (2004), S. 1
[102] folgendermaßen berechnet aus Werten von Hull, J. u.a. (2004), S. 5, „Table 2": (Sp. 4)/ (Sp. 2)

geben Spreads die Nachfragesituation auf dem Kapitalmarkt wieder. So sind europäische Corporate-Bond-Spreads seit Ende der 1990er Jahre erheblich gesunken[103], einhergehend mit fallenden Aktienkursen. Dies deutet auf eine erhöhte Nachfrage nach Anleihen und einen gestiegenen Risikoappetit der Anleger hin.

Credit Default Swaps trennen das Kreditrisiko eines damit behafteten Produkts von diesem ab und machen das Risiko dadurch handelbar.[104] Sie verpflichten den Verkäufer (Protection Buyer), dem Käufer (Protection Seller) eine Versicherungsprämie für die Übernahme des Kreditrisikos zu zahlen. Sieht man von Settlementrisiken bei OTC-Geschäften ab, wird deutlich, dass vom Käufer in Bezug auf das Referenzprodukt neben dem Kreditrisiko keine anderen Risiken eingegangen werden. Liquiditäts- und Zinsänderungsrisiken sind weitgehend eliminiert.[105] Der CDS-Spread kann somit als Credit Spread „hoher Reinheit" aufgefasst werden.

4.3.2.2 Beurteilung der Zyklizität

Nachfolgend werden Frühwarncharakter und Anpassungsgeschwindigkeit, Vorhersagehorizont und Konjunkturzusammenhang der vorgestellten Spreads analysiert. Im Fazit wird die Tauglichkeit für das bankinterne Pricing beleuchtet und versucht, eine Zuordnung zu Point-in-Time oder Through-the-Cycle zu finden.

Frühwarncharakter und Anpassungsgeschwindigkeit bei Risikoänderungen

Ein bedeutender Teil einer Spreadänderung ist auf die Variation des Kreditrisikos zurückzuführen.[106] Die Geschwindigkeit der Preisanpassung kann anhand von Ratingereignissen gemessen werden. Dabei zeigt sich, dass bei Ratingänderungen langfristig sowohl Kassa- als auch Derivatemarkt das Kreditrisiko gleich bewerten, CDS-Spreads aber eine höhere Anpassungsgeschwindigkeit an die geänderte Situation aufweisen.[107] Damit einher geht ein deutlicher Vorlauf der CDS-Spreadausweitung vor Ratingverschlechterungen. CDS-Spreads sind deswegen als Frühwarninstrument offensichtlich gut geeignet:

---

[103] vgl. Simensen, I. (2004), o.S.
[104] zur Funktionsweise von Credit Default Swaps und verwendeten Begriffen vgl. Anhang 7
[105] vgl. Trück, S. u.a. (2004), S. 33 und Zhu, H. (2004), S. 10f.
[106] vgl. Kealhofer, S., u.a. (1998), S. 19
[107] vgl. Zhu, H. (2004), S. 11 und S. 15

38

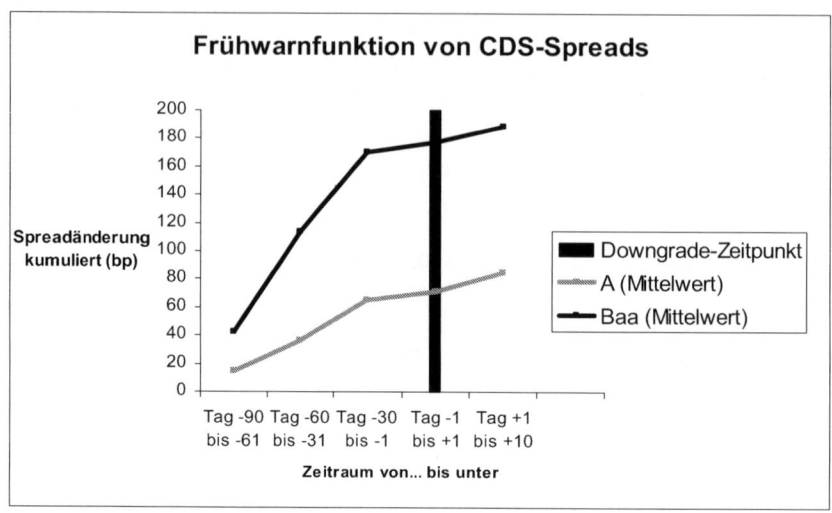

Abbildung 13: Frühwarnfunktion von CDS-Spreads[108]

Bis zu 90 Tage vor einer Herabstufung der Referenzanleihen durch die Ratingagenturen sind Reaktionen auf dem CDS-Markt beobachtbar. Auffallend ist die
unterschiedlich starke Reaktionsweise der Bonitäten A und Baa.

Vorhersagehorizont und Konjunkturzusammenhang

Bondspreads für Unternehmen gleicher Bonität steigen tendenziell mit der Rest-
laufzeit an, die gleiche Eigenschaft weisen CDS-Spreads auf.[109] Dabei sind Unterschiede zwischen den Bonitäten feststellbar. Bei Investmentgrade-Papieren ist eine
steigende Struktur erkennbar, während Non-Investmentgrade-Anleihen in verschiedenen Untersuchungen uneinheitliche Ergebnisse zeigen, meist ein kurzfristig an-
steigendes und sich danach abflachendes Risiko. Dies wird mit einem unterschied-
lichen zeitlichen Risikoprofil begründet: die Ausfallwahrscheinlichkeit schlechter
Unternehmen ist hoch, wenn sie in der nahen Zukunft Refinanzierungsmöglichkeiten für eine fällige Anleihe suchen müssen. Überwinden sie jedoch die Finanzie-
rungskrise, steigen langfristig die Erholungschancen. Bei sehr guten Unternehmen
hingegen ist die lange Frist mit höheren Risiken behaftet als der kurzfristige Bereich.[110] Deswegen erscheint der Vorhersagehorizont bei spekulativen Anleihen
eher kurzfristig – die Risiken dieses Zeitraums erklären größtenteils den Spread.
Bei erstklassigen Anleihen muss aufgrund des geringen Erklärungswerts des
Kreditrisikos für den Spread (vgl. Kapitel 4.3.2.1) eine Vorhersagekraft generell

---

[108] eigene Darstellung, Datenquelle: Hull, J. u.a. (2003), S. 34
[109] vgl. Trück, S. u.a. (2004), S. 32f.
[110] vgl. ebenda, S. 1; Dieses Phänomen wird als „crisis at maturity" bezeichnet.

angezweifelt werden.

Um die konjunkturbedingte Risikoänderung über Spreads zu steuern, bleibt abschließend zu fragen, welche Korrelation zwischen Bond-Spreads und makroökonomischem Umfeld besteht. Offensichtlich ist der Zusammenhang bei Corporate Bonds nicht so eindeutig wie z.B. bei Staatsanleihen, die als „safe haven" in ökonomischen Krisen ein bevorzugtes Anlagevehikel darstellen.[111] Spreads von Unternehmensanleihen hingegen haben einen Prognosewert für die Konjunktur und werden deswegen eher als Frühindikator angesehen. Auch hier sind Unterschiede zwischen Investmentgrade- und spekulativen Papieren feststellbar. Für einen Vorlauf-Zeitraum von 1½ Jahren sind spekulative Anleihen die besten Prognoseinstrumente, für längerfristige Vorhersagen sind „gute" Papiere besser geeignet.[112] Die Höhe der Spreads erklärt sich somit auch durch die zukünftigen konjunkturellen Risiken, denen die emittierenden Unternehmen ausgesetzt sind. Dabei ist zu beachten, dass die statistische Robustheit eines multivariaten Zusammenhangs zwischen Spreads, Konjunktur und Ausfallwahrscheinlichkeit vom gewählten Untersuchungszeitraum abhängig ist.[113]

Fazit

Anhand der in den Anfangskapiteln[114] vorgestellten Einteilungskriterien für „Point-in-Time" und „Through-the-Cycle" soll nun eine systematische Einordnung der Verwendung von Spreads für ein marktorientiertes Pricing versucht werden.

Point-in-Time-Ratings urteilen über einen Kreditnehmer allein aufgrund der aktuellen Situation. Spreads enthalten nur die aktuell vom Markt vorstellbaren bzw. angenommenen Risiken, was für einen Point-in-Time-Charakter spricht. Dabei gilt jedoch die Einschränkung, dass bei erstklassigen Papieren der „Credit Spread", gemessen an der gesamten Renditedifferenz zu risikolosen Anleihen, zu vernachlässigen ist. Die mangelnde Trennbarkeit verschiedenster Risikoeffekte bei Corporate Bonds scheint sinnvollen Ergebnissen entgegenzustehen, hier ist eventuell an CDS-Spreads zu denken.

---

[111] vgl. Simensen, I. (2004), o.S.
[112] vgl. Zhang, Z. (2002), S. 2
[113] vgl. Koopman, S./Lucas, A. (2003), S. 17
[114] vgl. Kapitel 2.2 und 2.3

Inwieweit die von den Marktteilnehmern geäußerte Konsensschätzung ein Belastungsszenario enthält, ist nicht zu erkennen. Unter der Annahme, dass jeder Investor ein persönliches Worst-Case-Szenario entwirft, hat eine Nutzung von Spreads jedoch auch einen Through-the-Cycle-Anteil.

Zusätzliches Ziel von Point-in-Time-Modellen ist, Risikoeinschätzungen aktuell zu halten und Änderungen zeitnah zu verfolgen. Wie oben gezeigt, erfüllen insbesondere CDS-Spreads diese Anforderung, gepaart mit einer ausgeprägten Frühwarngüte. Die in der Regel starke Konjunkturabhängigkeit der point-in-time-lastigen Systeme ist für Spreads nicht eindeutig zu erkennen. Die Zyklizität hängt vielmehr von der Bonität des Emittenten ab.

Die genannten Punkte erlauben in diesem Rahmen keine eindeutige Zuordnung zu einer der vorgestellten Ratingphilosophien. Vielmehr ist eine Klärung der Frage nötig, ob Spreaddaten eine sinnvolle, d.h. repräsentative Datenbasis für ein deutsches Unternehmenskreditportfolio darstellen. Die Ratingagenturen geben folgende Kundenzahlen an:

	S&P	Moody's	Fitch
Geratete Unternehmen (Corporates):			
weltweit	k.A.	4.960	1.200
davon USA	6.382	3.108	k.A.
davon Europa	2.702	1.210	225
davon Deutschland (absolut)	k.A.	ca.350	k.A.
davon Deutschland (relativ)	k.A.	ca.7%	k.A.

Abbildung 14: Von Agenturen geratete Unternehmen weltweit[115]

Selbst wenn man annimmt, dass für jedes dieser gerateten Unternehmen ein Bond- oder CDS-Spread erhältlich ist, ist die Kundenzahl, insbesondere in Deutschland, sehr gering, um intern für herausgelegte Kredite die extern für Anleihen gehandelten Risikospannen anzusetzen. Selbst von den 80 in DAX und MDAX notierten Gesellschaften besitzen nur 41 ein Rating von Standard & Poor's, Moody's und/oder Fitch.[116]

---

[115] vgl. zur Datenherkunft Anhang 8
[116] vgl. zur Datenherkunft Anhang 9

Für die bankinterne Risikospannenbildung scheinen Spreads deswegen nur sehr eingeschränkt nutzbar. Denkbar ist ein Einsatz als Benchmark bei Krediten an Unternehmen, die auch kapitalmarktgehandelte Papiere begeben haben. Als weitere Restriktion müsste sich die Bonität dieser Unternehmen bestenfalls im unteren Investmentgrade-Bereich bewegen.[117] In einem mittelständisch geprägten Kreditportfolio dürften sich kaum Adressen finden, die diese Kapitalmarktnähe aufweisen. Außerdem wäre für ein „passendes" Unternehmen eine solche Bankenfinanzierung nur attraktiv, wenn die zusätzlich zum Spread berechneten Kosten- und Gewinnmargen die Emissionskosten einer Anleihe nicht übersteigen würden. Es müsste somit auch noch ein Vertriebs- bzw. Akzeptanzproblem gelöst werden.

4.3.3 Anwendbarkeit dieser Ansätze bei kurzfristigen Kreditprodukten

Wie Manso anmerkt, sind kurze Laufzeiten an sich schon ein Mittel der Risikobegrenzung.[118] Besitzt ein Produkt häufige Zinsanpassungsmöglichkeiten, ist auch eine Pricingänderung flexibler möglich. Unmittelbar einsichtig ist dies bei Konditionen, die „bis auf weiteres" vereinbart werden, was zum Beispiel bei Kontokorrentkrediten üblich ist.[119] Häufige, risikoadäquate Anpassungen erscheinen jedoch nicht akzeptabel, gesteht man einem Unternehmen eine gewisse Kalkulationssicherheit zu. Außerdem bildet sich im Extremfall eine Zirkularität, wie sie auch im Abschnitt 4.4.2 beschrieben wird: ist die Zinslast für das Unternehmen bedeutend, verschlechtert sich die wirtschaftliche Lage durch eine Erhöhung der Risikospanne, was im Grenzfall zu einer erneuten Erhöhung führt. Allerdings ist die Risikosituation eines Unternehmens, das bei moderater Zinserhöhung bereits in Schwierigkeiten gerät, generell zu hinterfragen.

Daneben sind vor allem kurzfristige, geldmarktnahe Fazilitäten als Anwendungsgebiet denkbar. Im Rahmen von Revolving Underwriting Facilities (RUFs) beispielsweise werden laufend über ein Auktionsverfahren kurzfristige Wertpapiere für den Schuldner begeben. Im Gegensatz zum Kontokorrentkredit, bei dem es sich um ein singuläres Geschäft handelt, repräsentieren RUFs durch die ständigen Emissionen viele Einzelgeschäfte, für die jeweils von den übernehmenden Konsortialbanken

---

[117] Damit die Spreads eine Aussagekraft bezüglich des Kreditrisikos besitzen, s.o.
[118] Manso, G. u.a. (2004), S. 4f.
[119] vgl. Rösler, P. u.a. (2002), S. 164

aufgrund ihrer Risikoanalyse Margen gestellt werden.[120] Hierdurch ist bei jeder Auktion eine Anpassung der Risikomarge möglich – bei risikofreudigem Verhalten der potenziellen Syndikatsteilnehmer käme eine risikoaverse Bank allerdings kaum zum Zuge. Commercial Papers und Medium Term Notes als weitere typische Geldmarktpapiere sind reine Platzierungsgeschäfte und enthalten für die arrangierende Bank keine Übernahmeverpflichtung – und damit kein Kreditrisiko.[121]

4.4 Ansätze zyklischer Bepreisung im längerfristigen Geschäft

4.4.1 Financial Covenants als abgeschwächter Point-in-Time-Ansatz

Insbesondere in internationalen Kreditdokumentationen sind ausgefeilte Kündigungsrechte und Verhaltensvorschriften ein regulärer Bestandteil der Vereinbarungen zwischen Kreditnehmer und Kreditgeber. Sie stellen Nebenabreden zu den eher „technischen" Details, Laufzeit, Betrag und Währung einer Fazilität dar. Für die Risikosteuerung sind neben Regelungen zum Gläubigerrang[122] vor allem Vereinbarungen zur Einhaltung bestimmter Finanzrelationen[123] von Bedeutung. Werden diese „Financial Covenants" nicht eingehalten (breach of covenants) ist das dem Kreditgeber anzuzeigen. Eine solche Nichteinhaltung kann als Warnsignal für eine Verschlechterung der wirtschaftlichen Verhältnisse des Kreditnehmers genutzt werden.[124] Dabei könnte die Analyse von Covenantbrüchen als binäres Ratingsystem interpretiert werden:

Einhaltung der Covenants → „gutes" Unternehmen

Nichteinhaltung von Covenants → „schlechtes" Unternehmen

Dies könnte die Grundlage für ein covenant-abhängiges Pricing für längerfristige Kredite bilden. Bei Eintritt eines der genannten Ereignisse könnte im Rahmen eines jährlichen Überprüfungstermins trotz der ursprünglichen Zinsbindung eine Anpassung der Risikospanne um eine vertraglich festgelegte Differenz erfolgen, wobei durch ein „Covenant-Gitter" eine weitere Verfeinerung möglich wäre (Beispiel für

---

[120] vgl. ebenda, S. 352f.; Zinsflexibilität gilt nicht für die Underwriter der zugehörigen Back-up-Linie

[121] vgl. Rösler, P. u.a. (2002), S. 354ff.

[122] „pari passu"-Klausel, für eine Darstellung üblicher Klauseln vgl. z.B. Rösler, P. u.a. (2002), S. 196ff.

[123] Typisch ist die Verbindung einer Bilanz- mit einer GuV-Größe, z.B. „Net Debt/EBITDA"

[124] vgl. Gauch, U. (1997), S. 45

ein Kapitalstruktur-Covenant):

Debt : Equity	Risikospanne (bp)
<4,0 : 1	41
<3,0 : 1	27
<2,5 : 1	15
<1,5 : 1	5

Abbildung 15: Beispiel eines Covenantgitters[125]

Durchläuft nun ein konjunktursensitives Unternehmen den Konjunkturzyklus, verändert sich mit jedem Jahresabschluss die betrachtete Kennzahl, z.B. steigt im Abschwung das Verhältnis „Net Debt/EBITDA", wenn konjunkturbedingt die Kapazitäten weniger ausgelastet sind und der Fixkostenblock erhalten bleibt. Eine Änderung der Risikospanne wäre aber nur mit jedem Jahresabschluss möglich (= Berechnungsgrundlage der Covenants) – die zyklische Flexibilität ist damit geringer als etwa im Credit-Monitor-Modell. Dadurch sind Covenants offensichtlich nicht geeignet, einen Ausfall zu verhindern, sondern lediglich, um graduelle Risikounterschiede anzuzeigen.[126] Dies verdeutlichen Waiver bei internationalen Kreditverträgen, die letztlich risikosteuernde Maßnahmen außer Kraft setzen können. Bei der Festlegung der Kennzahl müsste zusätzlich beachtet werden, dass automatische Stabilisatoren, z.B. die Gewinnbesteuerung keinen Einfluss haben, deswegen erscheinen internationale Vergleichsgrößen, wie EBITDA, angebracht. Zusammenfassend könnte der Einsatz von Covenants für Pricing-Zwecke als abgeschwächter Point-in-Time-Ansatz bezeichnet werden, insbesondere wegen der damit verbundenen Zeitverzögerung.

4.4.2 Rating-Trigger zur standardisierten Preisanpassung bei Risikoänderungen

Neben der unternehmensindividuellen Preis-Risiko-Kopplung durch Covenants gibt es die Möglichkeit der Anpassung an Ratingänderungen mithilfe sogenannter Step-up-Klauseln. Hierbei steigt der Zins bei einer Verschlechterung des externen Ratings um einen vorher definierten Betrag.[127] Dazu muss vertraglich ein Überprüfungstermin und die Zinsperiode festgelegt werden. Verwendung finden solche

---

[125] eigene Darstellung
[126] vgl. ebenda
[127] vgl. 6,625% Step-up-Anleihe der Deutsche Telekom Intl. Fin. B.V., ISIN XS 011 370 926 4. Erhält die Deutsche Telekom AG ein BBB-Rating, erhöht sich der Kupon ab dem nächsten Zinszahlungstermin um 0,5%-Punkte. Verbessert sich das Rating auf A, sinkt er wieder.

Klauseln bei Step-up-Bonds und häufig bei syndizierten Kreditfazilitäten.[128]

Mit einem Rating-Trigger wird implizit ein Through-the-Cycle-Modell verwendet, so dass nicht alle zyklischen Informationen im Preis enthalten sind.[129] Hinzu kommt ein Zirkelschluss-Effekt: wird das Rating gesenkt, führt dies zu einer höheren Zinsbelastung des Unternehmens. Eventuell sinkt die wirtschaftliche Stärke, was zu einem schlechteren Rating führen kann. Standard & Poor's versucht jedoch, keine Ratingherabstufung durchzuführen, die eine weitere Ratingherabstufung zur Folge hat. Ist der Agentur die Step-up-Klausel bekannt, dürfte die Änderungsaversion (vgl. Kapitel 3.2.3.4) noch ausgeprägter sein als im Normalfall. Dies wird von Standard & Poor's als ein Grund für die späte Herabstufung des ausgefallenen Energiehandelsunternehmens Enron angeführt.[130] Als Vorteil gegenüber der oben angeregten Covenant-Lösung erscheint, dass das externe Rating sofort nach Vergabe für alle Marktteilnehmer sichtbar ist und vom Unternehmen nicht in dem Maße wie etwa Finanzkennzahlen durch Bewertungsspielräume beeinflusst werden kann.

---

[128] Manso, G. u.a. (2004), S. 4
[129] vgl. Kapitel 3.2.3.4
[130] vgl. Samson, S. (2001), S. 1ff.

5   Zusammenfassung und Ausblick

Kreditrisiken sind nicht allein das Resultat eines firmenspezifischen Risikoprofils. Vielmehr wirken gesamtwirtschaftliche Effekte in unterschiedlicher Intensität auf das Risikobild eines Kreditportfolios ein. Um sich dem Ziel von Basel II – der Übereinstimmung von ökonomischem und regulatorischem Kapital – anzunähern, muss eine Bank in der Lage sein, das gesamte Kreditrisiko eines Engagements zu quantifizieren. Dabei muss es ihrer Kreditrisikosteuerung gelingen, risikoerhöhende Faktoren jeglicher Ursache, d.h. auch konjunktureller Art, in ihre Schätzung einzubeziehen. Sie muss es weiterhin ermöglichen, die Risikoanalyse an den Verwendungszweck des Analyseergebnisses anzupassen.

Soll die Eigenmittelunterlegung bestimmt werden, müssen regulatorische Vorgaben und die Forderungen der eigenen Gläubiger berücksichtigt werden. Der Refinanzierungsdruck und die Abhängigkeit einer Bank von ihrem externen Rating legt den Schluss nahe, dass ein stabilisierender, den ganzen Konjunkturzyklus umfassender Steuerungsansatz angemessen ist.

Wird dagegen die Position des Eigenkapitalinvestors eingenommen, steht die Maximierung der Eigenkapitalrendite im Vordergrund. Im Insolvenzfall droht dem Eigenkapitalgeber der Totalverlust. Die Verteilung des Kapitals auf verschiedene Ausfallrisiken sollte deswegen mit einer angemessenen Rendite entschädigt werden. Diese Arbeit untersucht zwei Value-at-Risk-Modelle, von denen eines zugleich die Einbeziehung der Konjunkturschwankungen ermöglicht. Eine Optimierung auf das eingesetzte Kapital wird somit vor dem Hintergrund der prognostizierten konjunkturellen Entwicklung möglich. Dabei muss bedacht werden, dass Schätzungen immer das Ergebnis der Inputfaktoren sind und die verwendeten externen Ratingdaten Charakteristiken aufweisen, die die Risikoadäquanz vieler Modelle relativieren.

Um eine „adverse selection"[131] der Kreditnehmer zu vermeiden, muss die Kreditrisikosteuerung daneben sicherstellen, dass Schadensprämien möglichst verursachungsgerecht in Rechnung gestellt werden können. Dazu analysiert die Arbeit

---

[131] Abschreckung guter Bonitäten durch zu schlechte Konditionen und Anziehung schlechter Bonitäten durch zu gute Konditionen, in Analogie zur gesetzlichen und privaten Krankenversicherung.

einen vom Eigenkapitalmarkt abgeleiteten Ansatz und einen, der an den Fremdkapitalmarkt anknüpft. Beide Modelle nehmen als „Mark-to-market"-Ansätze in Kauf,
sämtliche im Markt enthaltenen Informationen als Kreditrisikoaussage zu werten.
Trotz dieser Unzulänglichkeit binden sie teilweise empirische Erkenntnisse (Credit
Monitor) ein und erreichen eine hohe Frühwarngüte (Credit Monitor; CDS-
Spreads). Der in den Marktinformationen enthaltene Konjunktur- und Kreditrisiko-
anteil variiert über die verschiedenen Bonitäten und Märkte. Das optionspreistheoretische Modell erreicht dabei trotzdem eine hohe Trennschärfe, die systematisch
den Through-the-Cycle-Ansatz einer Ratingagentur schlägt. Bestehen Möglichkei-
ten, kurzfristig die dem Kunden berechnete Risikospanne anzupassen, etwa bei
einer hohen Frequenz von Geschäften, ist sicherlich ein Point-in-Time-Ansatz für
das Pricing geeignet.

Korrelationen zwischen den Ausfallrisiken verschiedener Kreditnehmer werden in
dieser Arbeit nur am Rande angesprochen. Aufgrund fehlender Daten wurde dieses Themengebiet bisher wenig untersucht, deswegen liegt hier weiterer For-
schungsbedarf. Für Banken besteht derzeit kein gesteigerter Anreiz, hier Untersuchungen vorzunehmen, da im Rahmen der neuen Eigenkapitalregeln sämtliche
Korrelationsparameter bankenaufsichtlich vorgegeben werden. Wie Rösch nach-
weist, müssen Through-the-Cycle-Systeme mit anderen Korrelationen rechnen als
Point-in-Time-Ratings, da die Betrachtungshorizonte verschieden sind.[132]

Der Markt für Kreditderivate macht Kreditrisiken handelbar. Eine aktive Absicherung des Kreditportfolios ist möglich, das ausstehende Risikovolumen kann gezielt
begrenzt werden. Die Derivatesystematik erlaubt potenziell eine Absicherung jeglicher Risiken im Rahmen der Übertragung des Risikos auf den Kapitalmarkt. Kon-
trahenten erzielen mit der Investition in fremde Risiken eine Portfoliodiversifikation.
So können beispielsweise Wetten auf das Witterungsrisiko eingegangen werden.
Erste Überlegungen - volkswirtschaftlicher Art - führen diese Ansätze fort und
schlagen sogenannte Makroderivate vor. Diese zielen auf Geschäfte zur Absicherung gegen die Entwicklung makroökonomischer Variablen, zum Beispiel des
Wachstums des Bruttoinlandsprodukts. Der Kreditrisikosteuerung einer Bank würden solche Produkte ermöglichen, ihr Kreditportfolio gegen zyklische Änderungen
abzusichern. Sie sähe sich dann nur noch den rein geschäftsmodellbezogenen

---

[132] vgl. Rösch, D. (2004), S. 7

Kreditrisiken ihrer Kreditnehmer ausgesetzt - der zyklische Effekt wäre abgesichert. Die Bank müsste jedoch eine Versicherungsprämie entrichten - womit die Rentabilität des Kreditgeschäfts in Frage gestellt wäre.

Solange nur gedankliche Konstrukte solche Absicherungsprobleme lösen, bieten die untersuchten Ansätze für die nahe Zukunft ausreichend Forschungs- und Verbesserungspotenzial. Werden sie nach Verwendungszweck differenziert ausgestaltet, kann es gelingen, der Steuerung und Kontrolle des Kreditrisikos im Zeitablauf ein Stück näher zu kommen.

Anhang

Anhang 1: Datenquellen zu Abbildung 1

Jahr	BIP-Wachstum (%)*	Quelle	Insolvenzen (Unternehmen)	Quelle
1985	2,2	2)	13.625	3)
1986	2,4	2)	13.500	3)
1987	1,5	2)	12.098	3)
1988	3,7	2)	10.562	3)
1989	3,9	2)	9.590	3)
1990	5,7	2)	8.730	3)
1991	5,1	2)	8.837	3)
1992	2,2	2)	10.920	3)
1993	− 1,1	2)	15.148	3)
1994	2,3	2)	18.824	3)
1995	1,7	2)	22.344	1)
1996	0,8	2)	25.530	1)
1997	1,4	2)	27.474	1)
1998	2,0	2)	27.828	1)
1999	2,0	2)	26.600	1)
2000	2,9	2)	27.900	1)
2001	0,8	2)	32.197	2)
2002	0,1	2)	37.579	2)
2003	− 0,1	2)	39.320	2)

Korrelation (MS Excel):	-0,64

1) Bundesvereinigung der Deutschen Arbeitgeberverbände (BDA) (2003), S. 3
2) Statistisches Bundesamt (2005), o.S.
3) Creditreform e.V. (1995)

*Hinweise zum BIP-Wachstum:

- in Preisen von 1995, durchschnittliche jährliche Veränderung in %

- entnommen aus Stat. Bundesamt: Tabelle 1.1.1, Fachser. 18, Reihe S.21 "Revidierte Ergebnisse 1970 bis 2003"

- 1970 bis erste Angabe 1991 früheres Bundesgebiet, ab zweite Angabe 1991 Deutschland.

Anhang 2: In Abbildung 5 hinterlegte Formeln

A) Darlehen

Exposure (€):	10000000
Aktuelles Rating:	B
Zeit bis Fälligkeit (J):	2
Zinskupon (% p.a.):	5

B) 2-Jahres-Zinskurve und

	1 Jahr	2 Jahre	1J-Forward
Bundesanleihen	2,5	3	=((1+D11/100)^2/(1+C11/100)-1)*100
Bundesanleihen + Spread A	3,1	3,4	=((1+D12/100)^2/(1+C12/100)-1)*100
Bundesanleihen + Spread B	3,4	3,9	=((1+D13/100)^2/(1+C13/100)-1)*100
Bundesanleihen + Spread C	4,5	4,8	=((1+D14/100)^2/(1+C14/100)-1)*100

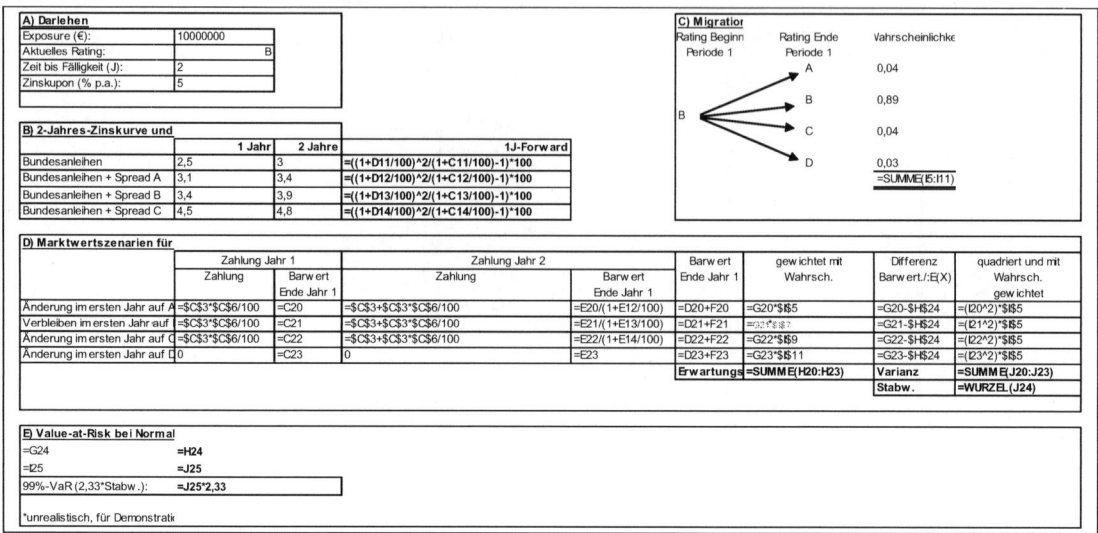

C) Migration

Rating Beginn Periode 1	Rating Ende Periode 1	Wahrscheinlichke
B	A	0,04
	B	0,89
	C	0,04
	D	0,03
		=SUMME(I5:I11)

D) Marktwertszenarien für

	Zahlung Jahr 1	Barwert Ende Jahr 1	Zahlung Jahr 2	Barwert Ende Jahr 1	Barwert Ende Jahr 1	gewichtet mit Wahrsch.	Differenz Barwert./:E(X)	quadriert und mit Wahrsch. gewichtet
Änderung im ersten Jahr auf A	=$C$3*$C$6/100	=C20	=$C$3+$C$3*$C$6/100	=E20/(1+E12/100)	=D20+F20	=G20*$I$5	=G20-$H$24	=(I20^2)*$I$5
Verbleiben im ersten Jahr auf	=$C$3*$C$6/100	=C21	=$C$3+$C$3*$C$6/100	=E21/(1+E13/100)	=D21+F21	=G21*$I$8	=G21-$H$24	=(I21^2)*$I$5
Änderung im ersten Jahr auf C	=$C$3*$C$6/100	=C22	=$C$3+$C$3*$C$6/100	=E22/(1+E14/100)	=D22+F22	=G22*$I$9	=G22-$H$24	=(I22^2)*$I$5
Änderung im ersten Jahr auf D	0	=C23	0	=E23	=D23+F23	=G23*$I$11	=G23-$H$24	=(I23^2)*$I$5
					Erwartungs	=SUMME(H20:H23)	Varianz	=SUMME(J20:J23)
							Stabw.	=WURZEL(J24)

E) Value-at-Risk bei Normal

=G24	=H24
=I25	=J25
99%-VaR (2,33*Stabw.):	=J25*2,33

*unrealistisch, für Demonstrati

Quelle:

Eigene Berechnungen

Anhang 3: Datentabelle für Abbildung 7

| | Ausfall in % der gerateten Unternehmen | | | | | |
| | Gesamt (non-finance) | | | Investment Grade (non-finance) | | |
Quartale	in Periode	historisch	Abweichung	in Periode	historisch	Abweichung
3/2003	0,70	0,61	0,09	0,06	0,04	0,02
4/2003	0,36	0,60	-0,24	0,00	0,04	-0,04
1/2004	0,25	0,60	-0,35	0,00	0,04	-0,04
2/2004	0,19	0,78	-0,59	0,00	0,02	-0,02
3/2004	0,19	0,54	-0,35	0,00	0,04	-0,04
4/2004	0,28	0,54	-0,26	0,00	0,04	-0,04
Durchschnitt	0,33	0,61	-0,28	0,01	0,04	-0,03

Zu beachten ist, dass Moody's den Expected Loss angibt, d.h. einen LGD-Wert in die Berechnung einbezieht (vgl. Behr/Güttler, S. 98)

Quellen:

The performance of Moody's corporate bond ratings: December 2004 / September 2004 / June 2004 / March 2004 / December 2003 / Third Quarter 2003, Quarterly update, New York 2003-2005

54

Anhang 4: Vergleich unkorrelierter und korrelierter Kreditportfolios

Wiedemann errechnet für ein Beispielportfolio von <u>zwei</u> Krediten ohne und mit Berücksichtigung von Korrelationen folgende Daten:

Art der Korrelation	Erwartungswert (Barwert in €)	Stabw. (in €)	Differenz (in €) zur unkorrelierten Stabw.	Differenz in % des Erwartungswerts
ohne (0,0)	2.138.670	29.783	0	0,00
positiv (0,6)	2.138.670	32.443	2.660	0,12
negativ (-0,8)	2.138.670	29.069	-714	-0,03

Der Korrelationseffekt ist hier optisch relativ gering (>-1% und <1% des Erwartungswerts), deutlich wird jedoch die verstärkende Wirkung im positiven Fall (Kreditrisiko steigt) und die diversifizierende Wirkung im negativen Fall (Kreditrisiko sinkt). Inwieweit die <u>Korrelationen</u> einer Zyklizität unterliegen und wie diese sich auf das Gesamtrisiko auswirkt, kann hier nicht abgeschätzt werden.

<u>Quelle:</u>

Wiedemann (2003), S. 180-185

Dass Aktienkorrelationen im Zeitablauf instabil sind, belegt folgende Auswertung der Korrelation der Aktien von BMW und DaimlerChrysler für den Zeitraum vom 30.11.2004 bis 13.04.2005, gleitend für die jeweils letzten n Tage; diskret für jeweils den letzten Tag vollständiger 10-Tages-Zeiträume:

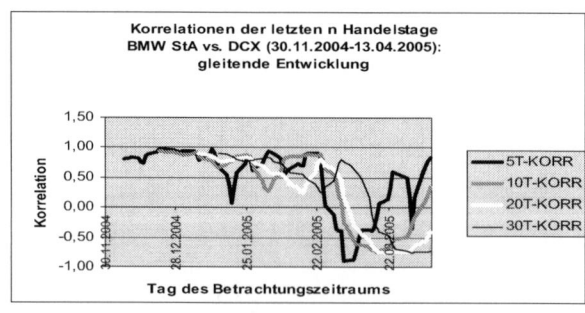

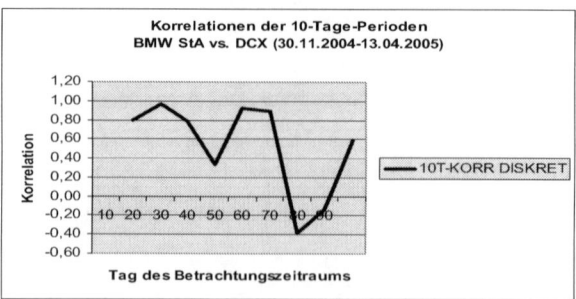

<u>Quelle:</u>

Eigene Berechnung, Datenquelle: im Internet, http://www.deutsche-boerse.com vom 14.04.2005, o.S.

Anhang 5: Die Wahrscheinlichkeitsverteilung der Distance to Default

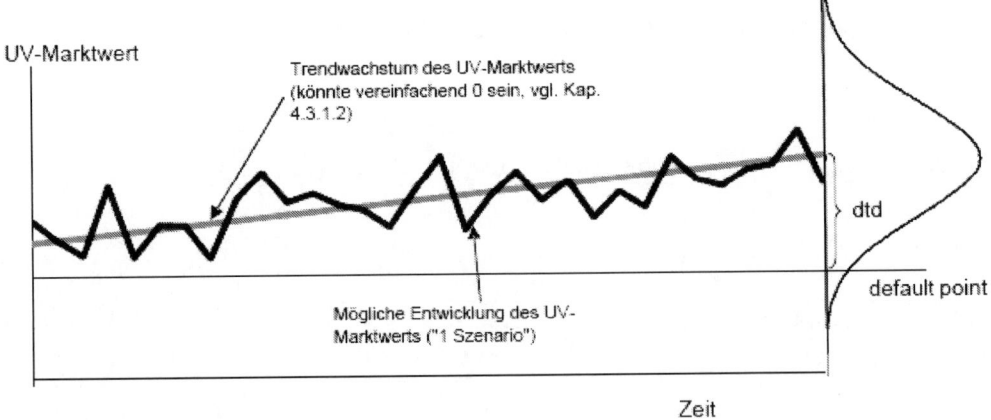

Quelle:

Eigene Darstellung nach Crosbie, P./Bohn, J. (2003), S. 13

Anhang 6: Die Bestimmungsfaktoren der Distance to Default

Der Einfluss von Marktwert und Volatilität auf die Distance to Default kann analytisch durch folgende Ableitungen veranschaulicht werden:

a) Änderung der Distance to Default bei Änderung des Marktwerts

$$DTD = \frac{MW - DP}{MW \cdot \sigma}$$

$$\frac{\partial DTD}{\partial MW} = \frac{MW \cdot \sigma - (MW - DP) \cdot \sigma}{MW^2 \cdot \sigma^2} = \frac{DP \cdot \sigma}{MW^2 \cdot \sigma^2} = \frac{DP}{MW^2 \cdot \sigma} > 0$$

 b) Änderung der Distance to Default bei Änderung der Marktwert-Volatilität

$$DTD = \frac{MW - DP}{MW \cdot \sigma}$$

$$\frac{\partial DTD}{\partial \sigma} = \frac{-MW^2 + DP \cdot MW}{MW^2 \cdot \sigma^2} = \frac{\overset{+}{MW} \cdot \overset{-}{(-MW + DP)}}{\underset{+}{MW^2 \cdot \sigma^2}} < 0; \text{ Vorzeichen gelten, wenn kein Ausfall vorliegt.}$$

Eine Erhöhung des Marktwerts führt somit ceteris paribus zu einer Erhöhung der DTD; eine Volatilitätserhöhung ceteris paribus zu einer Senkung der DTD.

Quelle:
Eigene Berechnung

Anhang 7: Die Funktionsweise eines Credit Default Swaps

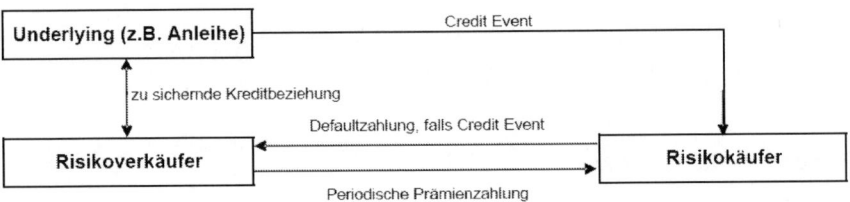

Quelle:

Eigene Abbildung, angelehnt an Perridon, L./Steiner, M. (2004), S. 349

Folgende Begriffe werden synonym verwendet:

Risikokäufer = Risk Buyer = Protection Seller = Käufer des CDS

Risikoverkäufer = Risk Seller = Protection Buyer = Verkäufer des CDS

Anhang 8: Datenquellen zu Abbildung 14

Standard&Poor's:

Zahlen enthalten alle "entities", dabei

- USA ohne Structured und Public Finance
- Europa ohne Structured Finance

Quelle:

E-Mail vom 08.02.2005 (clientsupporteurope@standardandpoors.com)

Moody's:

- Gesamt-Wert enthält 1.714 regional nicht aufgegliederte „Finance"-Werte, deswegen nur Tendenzaussage möglich
- Gesamt-Wert ergibt sich aus Nordamerika + Europa + Asien ./. „Sovereigns"
- In regionaler Aufgliederung sind „Finance"-Werte und „Sovereigns" (243 Ratings) enthalten
- Deutschland: eigene Zählung nach untengenannter Quelle

Quellen:

Weltweit / USA / Europa: The performance of moody's corporate bond ratings: December 2004, Quarterly update, New York 2005

Deutschland: Moody's global ratings guide, December 2004, Volume 17, Number 4, New York 2004

Fitch:

Zahl der gerateten Unternehmen (Corporates) ohne Finanzinstitutionen

Quelle:

Fitch Deutschland (2005): Neue_Master_Presentation.ppt, S. 1-12, Frankfurt 2005

Anhang 9: Geratete DAX- und MDAX-Unternehmen

F1	S&P RTG_SP_LT_LC_ISSUER_CREDIT	Moodys ISSUER RTG_MDY_ISSUER_RATING	Moodys SEN UNSECURED RTG_MDY_SEN_UNSECURED_DEBT	Fitch RTG_FITCH_SEN_UNSECURED	#N/A N.A.
ADS GY Equity	#N/A N.A.	#N/A N.A.	#N/A N.A.	#N/A N.A.	0
ALV GY Equity	AA-	#N/A N.A.	Aa3	A	1
ALT GY Equity	#N/A N.A.	#N/A N.A.	#N/A N.A.	#N/A N.A.	0
BAS GY Equity	AA-	#N/A N.A.	Aa3	AA-	1
BAY GY Equity	A	#N/A N.A.	A3	#N/A N.A.	1
BMW GY Equity	#N/A N.A.	#N/A N.A.	A1	#N/A N.A.	1
CBK GY Equity	A-	A2	#N/A N.A.	A-	1
CON GY Equity	BBB+	Baa2	Baa2	#N/A N.A.	1
DCX GY Equity	BBB	#N/A N.A.	A3	BBB+	1
DBK GY Equity	AA-	Aa3	Aa3	AA-	1
DB1 GY Equity	AA+ *-	Aa1	#N/A N.A.	#N/A N.A.	1
LHA GY Equity	BBB	Baa2	#N/A N.A.	#N/A N.A.	1
DPW GY Equity	A	A1	#N/A N.A.	A+	1
DTE GY Equity	BBB+	#N/A N.A.	Baa1	A-	1
EOA GY Equity	AA-	#N/A N.A.	Aa3	AA-	1
FME GY Equity	BB+	Ba1	#N/A N.A.	#N/A N.A.	1
HEN3 GY Equity	A-	#N/A N.A.	A2	#N/A N.A.	1
HVM GY Equity	A- *-	A3	A3	A-	1
IFX GY Equity	#N/A N.A.	#N/A N.A.	#N/A N.A.	#N/A N.A.	0
LIN GY Equity	BBB+	#N/A N.A.	A3	#N/A N.A.	1
MAN GY Equity	#N/A N.A.	#N/A N.A.	#N/A N.A.	#N/A N.A.	0
MEO GY Equity	BBB	Baa1	Baa1	BBB	1
MUV2 GY Equity	A+	#N/A N.A.	#N/A N.A.	AA	1
RWE GY Equity	A+	#N/A N.A.	A1	A+	1
SAP GY Equity	#N/A N.A.	#N/A N.A.	#N/A N.A.	#N/A N.A.	0
SCH GY Equity	A	A2	#N/A N.A.	#N/A N.A.	1
SIE GY Equity	AA-	#N/A N.A.	Aa3	AA-	1
TKA GY Equity	BB+ *+	Baa2	Baa2	BBB *+	1
TUI GY Equity	#N/A N.A.	#N/A N.A.	#N/A N.A.	#N/A N.A.	0
VOW GY Equity	A-	A3	A3	A-	1
ARL GY Equity	#N/A N.A.	#N/A N.A.	#N/A N.A.	A- *-	1
AMB2 GY Equity	#N/A N.A.	#N/A N.A.	#N/A N.A.	#N/A N.A.	0
AWD GY Equity	#N/A N.A.	#N/A N.A.	#N/A N.A.	#N/A N.A.	0
BEI GY Equity	#N/A N.A.	#N/A N.A.	#N/A N.A.	#N/A N.A.	0
BZL GY Equity	#N/A N.A.	#N/A N.A.	#N/A N.A.	#N/A N.A.	0
GBF GY Equity	#N/A N.A.	#N/A N.A.	#N/A N.A.	#N/A N.A.	0
BOS3 GY Equity	#N/A N.A.	#N/A N.A.	#N/A N.A.	#N/A N.A.	0
CLS GY Equity	#N/A N.A.	#N/A N.A.	#N/A N.A.	#N/A N.A.	0
COM GY Equity	#N/A N.A.	#N/A N.A.	#N/A N.A.	#N/A N.A.	0
DGX GY Equity	BBB+	Baa1	Baa1	#N/A N.A.	1
DEP GY Equity	AA-	#N/A N.A.	Aa3	AA-	1
DEQ GY Equity	#N/A N.A.	#N/A N.A.	#N/A N.A.	#N/A N.A.	0
DPB GY Equity	A	#N/A N.A.	A1	#N/A N.A.	1
DOU GY Equity	#N/A N.A.	#N/A N.A.	#N/A N.A.	#N/A N.A.	0
EAD GY Equity	A	A3	A3	A	1
FIE GY Equity	#N/A N.A.	#N/A N.A.	#N/A N.A.	#N/A N.A.	0
FRA GY Equity	#N/A N.A.	#N/A N.A.	#N/A N.A.	#N/A N.A.	0
FRE3 GY Equity	BB+	Ba1	#N/A N.A.	#N/A N.A.	1
HNR1 GY Equity	AA-	#N/A N.A.	#N/A N.A.	#N/A N.A.	1
HEI GY Equity	BB+	Ba1	Ba1	#N/A N.A.	1
HDD GY Equity	#N/A N.A.	#N/A N.A.	#N/A N.A.	#N/A N.A.	0
HOT GY Equity	#N/A N.A.	#N/A N.A.	#N/A N.A.	#N/A N.A.	0
HRX GY Equity	#N/A N.A.	#N/A N.A.	#N/A N.A.	#N/A N.A.	0
IKB GY Equity	#N/A N.A.	#N/A N.A.	Aa3	#N/A N.A.	1
IVG GY Equity	#N/A N.A.	#N/A N.A.	#N/A N.A.	#N/A N.A.	0
MVK GY Equity	#N/A N.A.	#N/A N.A.	#N/A N.A.	#N/A N.A.	0
SDF GY Equity	#N/A N.A.	#N/A N.A.	#N/A N.A.	#N/A N.A.	0
KAR GY Equity	#N/A N.A.	#N/A N.A.	#N/A N.A.	#N/A N.A.	0
KRN GY Equity	#N/A N.A.	#N/A N.A.	#N/A N.A.	#N/A N.A.	0
LEO GY Equity	#N/A N.A.	#N/A N.A.	#N/A N.A.	#N/A N.A.	0
MDN GY Equity	#N/A N.A.	#N/A N.A.	#N/A N.A.	#N/A N.A.	0
MRK GY Equity	BBB+	Baa1	#N/A N.A.	#N/A N.A.	1
MGT GY Equity	#N/A N.A.	Ba1	#N/A N.A.	BBB-	1
MLP GY Equity	#N/A N.A.	#N/A N.A.	#N/A N.A.	#N/A N.A.	0
MPC GY Equity	#N/A N.A.	#N/A N.A.	#N/A N.A.	#N/A N.A.	0
NDA GY Equity	#N/A N.A.	#N/A N.A.	#N/A N.A.	#N/A N.A.	0
PSM GY Equity	#N/A N.A.	#N/A N.A.	Ba1	BB+	1
PUM GY Equity	#N/A N.A.	#N/A N.A.	#N/A N.A.	#N/A N.A.	0
RHM3 GY Equity	BBB	Baa2	Baa2	#N/A N.A.	1
RHK3 GY Equity	#N/A N.A.	Baa2	#N/A N.A.	#N/A N.A.	1
SZG GY Equity	#N/A N.A.	#N/A N.A.	#N/A N.A.	#N/A N.A.	0
SRZ GY Equity	#N/A N.A.	#N/A N.A.	#N/A N.A.	#N/A N.A.	0
SGL GY Equity	B	Caa2 *+	#N/A N.A.	#N/A N.A.	1
SAZ GY Equity	#N/A N.A.	#N/A N.A.	#N/A N.A.	#N/A N.A.	0
SZU GY Equity	A-	A3	#N/A N.A.	#N/A N.A.	1
TNH GY Equity	#N/A N.A.	#N/A N.A.	#N/A N.A.	#N/A N.A.	0
TGH GY Equity	B+	Caa1	#N/A N.A.	#N/A N.A.	1
VOS GY Equity	#N/A N.A.	#N/A N.A.	#N/A N.A.	#N/A N.A.	0
WCM GY Equity	#N/A N.A.	#N/A N.A.	#N/A N.A.	#N/A N.A.	0
WIN GY Equity	#N/A N.A.	#N/A N.A.	#N/A N.A.	#N/A N.A.	0
				Summe (Mind. 1 Rating):	41

Quelle: Bloomberg/Reuters, 09.02.2005

Literaturverzeichnis

Allen, L. / Saunders, A. (2002):   Credit risk management, new approaches to value at risk and other paradigms, New York 2002

Allen, L./Saunders, A. (2003):   A survey of cyclical effects in credit risk measurement models, BIS Working Paper No. 126, Basel 2003

Baseler Ausschuss für Bankenaufsicht (2004):   Internationale Konvergenz der Kapital-messung und Eigenkapitalanforderungen, überarbeitete Rahmenvereinbarung, Übersetzung der Deutschen Bundesbank, Frankfurt am Main 2004

Banque Centrale Européenne (2005):   Nouvel accord de Bâle sur les fonds propres: Principales Caractéristiques et implications, in: Bulletin Mensuel Janvier, (2005), S. 49-58

BDA (2003):   Gewinne, Insolvenzen, Arbeitslosigkeit, Berlin 2003

Becker, H./Peppmeier, A. (2002):   Bankbetriebslehre, 5. Aufl., Ludwigshafen 2002

Behr, P./Güttler, A. (2004):   Interne und externe Ratings, Bedeutung, Entwurf, Testverfahren, Frankfurt a.M. 2004

Betsch, O. u.a. (2000):   Corporate Finance, 2. Aufl., München 2000

Bluhm, C. u.a. (2003):   An introduction to credit risk modeling, Boca Raton 2003

62

Borio, C., u.a. (2001):   Procyclicality of the financial system and
                                   financial stability: Issues and policy op-
                                   tions, Basel 2001

Carey, M./Treacy, W. (1998):   Credit risk rating at large U.S. banks, in:
                                   Federal Reserve Bulletin, (1998), Novem-
                                   ber 1998, S. 897-921

Catarineu-Rabell, E. u.a. (2002): Procyclicality and the new Basel Accord -
                                   Banks' choice of loan rating system,
                                   London 2002

Cihak, M. (2004):   Stress testing: A review of key concepts,
                                   Prag 2004

Creditreform e.V. (1995):   Unternehmensentwicklung 1995, alte und
                                   neue Bundesländer, Neuss 1995

Crosbie, P./Bohn, J. (2003):   [Moody's KMV:] Modeling default risk,
                                   modeling methodology, New York 2003

Crouhy, M. u.a. (2001):   Prototype risk rating system, in: Journal of
                                   Banking & Finance, (2001), 25, S. 47-95

D'Amato, J./Furfine, C. (2003):   Are credit ratings procyclical?, BIS Work-
                                   ing Paper No. 129, Basel 2003

Deutsche Bank (2004):   Interim Report as of March 31, 2004,
                                   Frankfurt am Main 2004

Dwyer, D. u.a. (2004):   The Moody's KMV EDF RiskCalc v3.1
                                   model, Next generation technology for
                                   predicting private firm credit risk, New
                                   York 2004

Fehr, B. (2004):   Der neue Ratingstandard schafft mehr
                                   Transparenz für mittelständische Kredit-
                                   nehmer, in: "FAZ" Nr. 300 vom
                                   23.12.2004, S. 22

Gauch, U. (1997):   Credit Covenants, Werkzeuge zur Risiko-
                                     steuerung im kommerziellen Kreditge-
                                     schäft, Bern 1997

Hull, J. u.a. (2003):   The relationship between credit default
                                     swap spreads, bond yields, and credit
                                     rating announcements, Toronto 2003

Hull, J. u.a. (2004):   Bond prices, default probabilities and risk
                                     premiums, Toronto 2004

Kealhofer, S., u.a. (1998):   Uses and abuses of bond default rates,
                                     San Francisco 1998

Kealhofer, S. (2003):   Quantifying credit risk I: Default predic-
                                     tion, in: Financial Analysts Journal,
                                     (2003), January/February 2003, S. 30-44

Kern, M. (2001):   Anwendbarkeit neuerer Kreditrisikomodel-
                                     le auf mittelständische Portfolios, in:
                                     Szczesny, A. (Hrsg.): Kreditrisikomessung
                                     und Kreditrisikomanagement, Baden-
                                     Baden 2001, S. 207-223

Kley, C. (2003):   Unterschied zwischen Equity Ratings und
                                     Credit Ratings, Short Paper, St. Gallen
                                     2003

Koopman, S./Lucas, A. (2003):   Business and default cycles for credit risk,
                                     Tinbergen Institute Discussion Paper,
                                     Amsterdam 2003

Krämer, W./Güttler, A. (2003):   Comparing the accuracy of default predic-
                                     tions in the rating industry: The case of
                                     Moody's vs. S&P, Dortmund/Frankfurt am
                                     Main 2003

Lando, D. (2004):   Credit risk modelling, theory and applica-
                                     tion, Princeton 2004

LBBW (2004):   Risikomanagement, Vortrag im Rahmen
                              einer Informationsveranstaltung für BA-
                              Studenten des 4. Semesters, Stuttgart
                              2004

Löffler, G. (2002):   An anatomy of rating through the cycle,
                              Frankfurt am Main 2002

Löffler, G. (2004):   Avoiding the rating bounce: Why rating
                              agencies are slow to react to new infor-
                              mation, Ulm 2003

Lowe, P. (2002):   Credit risk measurement and procyclical-
                              ity, BIS Working Paper No. 116, Basel
                              2002

Madan, D. (2000):   Pricing the risks of default, College Park
                              2000

Manso, G. u.a. (2004):   Performance-sensitive debt, Stanford
                              2004

Moody's (2005):   The performance of Moody's corporate
                              bond ratings: December 2004, Quarterly
                              update, New York 2005

Nickell, P. u.a. (2001):   Stability of ratings transitions, London
                              2001

Ong, M. (1999):   Internal credit risk models, capital alloca-
                              tion and performance measurement,
                              London 1999

o.V. (2005a):   Hypo-Vereinsbank bleibt Bonitätsherab-
                              stufung erspart, in: "Handelsblatt" Nr. 41
                              vom 28.02.2005, S. 24

o.V. (2005b):   Aktien: Aktienrisiken, Korrelation zwi-
                              schen Sektor-/ Marktrisiko, im Internet,
                              http://www.finanz-handbuch.ch vom
                              13.03.2005

o.V. (2005c): Deutsche Bank sieht sich auf Kurs, in: "Handelsblatt" Nr. 60 vom 29.03.2005, S. 19

Perridon, L./Steiner, M. (2004): Finanzwirtschaft der Unternehmung, 13. Aufl., München 2004

Rösch, D. (2004): An empirical comparison of default risk forecasts from alternative credit rating philosophies, Augsburg 2004

Rösler, P. u.a. (2002): Handbuch Kreditgeschäft, 6. Aufl., Wiesbaden 2002

Schierenbeck, H. (2001): Ertragsorientiertes Bankmanagement, Band 1: Grundlagen, Marktzinsmethode und Rentabilitäts-Controlling, 7. Aufl., Wiesbaden 2001

Schierenbeck, H. (2003): Ertragsorientiertes Bankmanagement, Band 2: Risiko-Controlling und integrierte Rendite-/ Risikokosten, 8. Aufl., Wiesbaden 2003

Schiller, B./Tytko, D. (2001): Risikomanagement im Kreditgeschäft, Grundlagen, neuere Entwicklungen und Anwendungsbeispiele, Stuttgart 2001

Schwarze, J. (2001): Grundlagen der Statistik I, beschreibende Verfahren, Berlin 2001

Simensen, I. (2004): Corporate bond spreads likely to remain low, in: "FT" vom 28.08.2004, o.S.

Samson, S. (2001): Playing out the credit cliff dynamic, New York 2001

Statistisches Bundesamt (2005): im Internet, http://www.destatis.de vom 02.02.2005, o.S.

66

Steinbrenner, H. (2001):   Professionelle Optionsgeschäfte, moderne Bewertungsmethoden richtig verstehen, Stuttgart 2001

Stillhart, G. (2002):   Theorie der Finanzintermediation und Regulierung von Banken, Bern 2002

Teuscher, U. (2004):   Credit risk models, St. Gallen 2002

Trück, S. u.a. (2004):   The term structure of credit spreads and credit default swaps - an empirical investigation, Karlsruhe 2004

Wiedemann, A. (2004):   Risikotriade Zins-, Kredit- und operationelle Risiken, Frankfurt am Main 2004

Wimmer, K. (2002):   Moderne Bankkalkulation, Stuttgart 2002

Zhang, Z. (2002):   Corporate bond spreads and the business cycle, Bank of Canada Working Paper 2002-15, Ottawa 2002

Zhu, H. (2004):   An empirical comparison of credit spreads between the bond market and the credit default swap market, BIS Working Paper No. 160, Basel 2004

Florian Hock
Diplom-Betriebswirt (BA), BA(hons)

Florian Hock (*1982) ist Kreditanalyst im Team Risk Management Project/Transport Finance der LBBW in Stuttgart. Er ist verantwortlich für die Analyse und Votierung internationaler Projektfinanzierungen. Seine bisherige Erfahrung umfasst Transaktionen mit PPP/PFIs, Containerterminals und Flughäfen in EMEA und Nordamerika. Zudem arbeitet er an Strukturierungs- und Financial-Advisory-Mandaten für Ersatzbrennstoffkraftwerke und andere Infrastrukturprojekte in Deutschland.

Zuvor war er für die LBBW in Stuttgart und London als Kreditanalyst für internationale Unternehmen aus Frankreich, den Beneluxstaaten, Afrika und dem Mittleren Osten tätig. Hier analysierte und begleitete er Corporate Loans und strukturierte Exportfinanzierungen.

Florian Hock hat Betriebswirtschaft an der Berufsakademie Stuttgart studiert und schließt demnächst sein Zweitstudium an der Fernuniversität Hagen ab. Mit seiner Diplomarbeit erzielte er den 1. Platz in der Kategorie „Bachelor Theses und Diplomarbeiten von Berufsakademien" des DZ Bank Karrierepreises 2006.

Er ist bei Fragen jederzeit erreichbar unter **publications@topmail-files.de** und freut sich über Rückmeldungen und Kritik zu seinem Buch.